민족의 독립과 통합에 바친 삶
김규식

민족의 독립과 통합에 바친 삶 김규식

| 이준식 지음 |

글을 시작하며

해방 정국기에 이승만, 김구와 함께 '우익 3영수' 가운데 한 사람으로 꼽히던 인물이 있다. '김박사'라는 통칭으로도 불리던 김규식이다. 물론 우익이라고는 해도 흔히 말하는 우익은 아니었다. 온건 우익과 온건 좌익이 중간파라는 이름으로 독자적 세력을 형성하기 시작한 이래 김규식은 여운형과 더불어 중간파의 지도자로 활동했다.

김규식은 20대 중반의 나이에 민족운동에 관여하기 시작한 뒤 죽을 때까지 민족의 독립과 통합에 자신의 모든 것을 바쳤다. 그는 일제 강점기에 독립운동을 벌이는 과정에서 파리강화회의 대표, 대한민국임시정부(상하이) 외무총장 및 학무총장, 구미위원부 위원장, 극동민족대회 한국 대표단 집행위원회 의장, 한국대일전선통일동맹 상무위원, 민족혁명당 주석, 대한민국임시정부(충칭) 부주석을 지냈고 해방 이후에는 좌우합작위원회 주석, 남조선대한민국대표민주의원 의장 대리, 남조선과도입법의원 의장, 민족자주연맹 위원장 등을 지냈다. 더욱이 1948년 4월 평양에서 열린 남북연석회의의 이른바 4김 회담에 김구, 김일성, 김두봉과 함께 참석했다.

독립운동을 하던 당시 그의 활동 무대는 유럽, 미국, 중국, 소련 등

세계 각지에 걸쳐 있었다. 해방 이후에는 민족의 분단과 상잔을 막기 위해서라면 서울이든 평양이든 가리지 않고 다니며 자주적인 통일국가수립 운동을 벌였다.

김규식은 해방 직전 대한민국임시정부의 부주석이었고 해방 정국기에는 미군정에 의해 정권 인수자로 지목될 정도의 비중을 차지하고 있었다. 그러나 분단 체제를 전제로 한 단정 수립에 반대함으로써 정치적 입지를 잃게 되었다. 게다가 남북연석회의에 참석하기 위해 김구와 함께 평양행을 결행한 일 때문에 반공 이데올로기에 사로잡힌 사람들로부터 김일성의 계략에 놀아났다는 비난을 받아야만 했다. 분단 체제의 반공 이데올로기 아래 김규식이라는 이름은 오랫동안 금기가 되었다. 한국전쟁 당시 납북되어 북한에서 죽었다는 사실도 오랫동안 김규식을 잊힌 존재로 만드는 요인이 되었다.

김규식이 역사적으로 '복권'된 것은 1980년대 이후였다. 우리 사회가 민주화되는 과정에서 일제강점기 민족 통일 전선 운동과 해방 이후의 통일 국가 수립 운동에 대한 관심이 고조됨에 따라 통일과 합작의 한 주체로서의 중간파가 새롭게 평가되기 시작했고 분단 극복을 위해 온

몸을 던진 김규식이 새삼 사람들의 눈길을 끌게 된 것이다.

그러나 잊힌 시간이 너무 오래되어서인지 오늘날 김규식의 이름과 활동을 제대로 기억하는 사람은 그다지 많지 않다. 한국근현대사에 밝은 사람이 아니라면 김규식이 한때 대한민국임시정부 주석을 지낸 김구나 대한민국 초대 대통령 이승만 못지 않은 비중을 갖고 있었으며 더욱이 독립운동 과정에서는 물론이고 해방 이후에도 좌우 합작을 통한 자주적인 통일 국가 수립을 지향했다는 사실을 알지 못한다.

김규식의 생애를 추적하다보면 안타까운 일이 하나둘이 아니다. 김규식을 외교활동가 정도로만 평가하는 것도 그 가운데 하나이다. 실제로 시인 황석우黃錫禹는 1930년대 초반 김규식에 대해 "김규식 씨는 재외 거물의 한 사람. 그는 온후한 학자풍의 인물! 그러나 그는 정치가로는 외교가. 그이의 외국어 실력으로는 영어, 불어, 러시아어, 중국어, 몽골어, 일본어 6개 국어다. 이만하면 조선의 외교정치가로는 넉넉한 자격이 있다. …… 그이에게 외교가의 소질이 있다. …… 재외 인물 가운데 필자의 가장 존경하고 의존하는 인물은 안창호 씨와 김규식 씨 두 사람밖에 없다"고 평가한 적이 있다. 가장 존경하는 인물로 꼽으면서도 김규식을 외국어에 능숙한 외교가로만 여긴 것이 눈길을 끈다.

김규식에 대한 이와 같은 고정관념은 그가 살아 있을 때는 물론이고 지금도 강고하게 지속되고 있다. 그러나 김규식의 삶과 활동을 잘 들여다보면 학자형 독립운동가라든지 외교 노선에 충실한 독립운동가라는 평가에 대해 의문을 품을 수밖에 없다. 김규식은 열강과의 외교를 중시하면서도 동시에 무장투쟁, 실력양성 등 다양한 독립운동 노선에도 깊은 관심을 갖고, 실제로 그것을 실천에 옮긴 독립운동가였다. 그리고 독립운동 과정에서 김규식이 가장 중시한 것은 독립운동 진영의 단결이었다. 단결과 통합의 중시는 해방 이후 외세에 휘둘리지 않는 자주적인 국가의 건설을 주장하고 점차 가시화되고 있던 민족분단을 막기 위해 단독 정부의 수립을 반대하는 과정에도 그대로 이어졌다.

최근 들어 남북 대립은 극한으로 치닫고 있다. 이럴 때일수록 민족상잔을 막기 위해 온몸을 바쳤던 선열의 목소리에 귀를 기울일 필요가 있다. 비록 분단 체제에서 잊힌 존재였지만 당시 어려운 현실 속에서도 독립과 분단 극복을 위한 길을 일관되게 걸은 김규식의 삶에는 분단 체제를 살아가는 우리가 되새겨야 할 교훈이 있다.

원고를 마무리한 뒤 미국에 살고 있는 김규식 후손을 만날 기회가 있었다. 짧은 만남이었기에 김규식과 관련된 이야기를 많이 듣지 못한 것이 아쉽다. 책이 나온 뒤라도 꼭 이야기를 나누고 그것을 어떤 형태로든 후속 작업에 반영하겠다는 다짐으로 아쉬움을 대신한다.

2014년 12월

이 준 식

차례

글을 시작하며 _ 4

1 출생에서 미국 유학까지
선교사 언더우드와의 만남 _ 11
미국으로 떠나다 _ 20

2 한말 민족운동에 참여하다
상하이의 혁명 분위기 _ 25
교육자로서의 다양한 활동 _ 28
기독교 민족운동 _ 34
김필순, 안창호, 이태준과의 만남 _ 37

3 중국 망명과 초기 독립운동
중국으로 망명하다 _ 41
중국 혁명에 직접 나서다 _ 45
중국과 몽골에서의 독립전쟁 준비 _ 47

4 해외에서의 열정적인 독립운동

파리강화회의의 한국 대표 _ 57
미국에서의 독립자금 모금 활동 _ 66
대한민국임시정부의 단합을 위해 _ 74
극동민족대회 한국 대표단을 이끌다 _ 76
국민대표회와 국민위원회 _ 88
다양한 교육 운동에 나서다 _ 95
민족유일당 운동과 중국 혁명에의 참가 _ 104

5 독립운동 진영의 통일과 한중 연대를 향한 큰 걸음

1930년대 초의 국제 정세 인식 _ 109
중국과의 긴밀한 연대 _ 112
미국에서의 성공적인 외교 선전 활동 _ 118
대한민국임시정부의 외무장으로 _ 124
민족혁명당을 통해 힘을 모으다 _ 129
쓰촨대학에서의 활동 _ 134

6 대한민국임시정부 부주석

대한민국임시정부 선전부장 _ 141
중한문화협회의 부이사장으로 선출되다 _ 150
민족혁명당의 최고 지도자 _ 154
대한민국임시정부 부주석 _ 159
해방과 초라한 환국 _ 162

7 자주적 통일 민족 국가 수립 운동

좌우 합작 노선을 걷다 _ 166
통일 민주 국가를 목표로 _ 176
자주적 통일 정부를 위한 남북협상 _ 181
북에서 숨을 거두다 _ 194

8 오직 독립과 통일을 위해 바친 삶 _ 197

김규식의 삶과 자취 _ 203
참고문헌 _ 209
찾아보기 _ 215

출생에서 미국 유학까지 01

선교사 언더우드와의 만남

김규식金奎植은 1881년 2월 28일(음력 1월 27일) 경상남도 동래부(지금의 부산 동래구)에서 아버지 청풍淸風 김씨 김지성金智性과 어머니 경주 이씨 사이에서 태어났다. 청풍 김씨 23세손으로 '규'자 항렬이다.

중문仲文이라는 자와 죽적竹笛, 만호晩湖, 서호西湖, 우사尤史라는 호를 썼지만 이 가운데 우사가 가장 많이 알려져 있다. 우사라는 호를 쓰게 된 데는 두 가지 설이 있다. 하나는 1920년 미국에 있을 때 뇌종양 수술을 한 뒤 큰 혹이 생겨 혹이 있는 선비라는 뜻에서 남들이 우사라고 불렀다는 설이고, 다른 하나는 청소년기에 큰 영향을 미친 미국인 언더우드Horace Grant Underwood 목사의 한국식 이름 원두우元杜尤에서 끝의 한 자를 따와 우사라는 호를 지었다는 설이다. 어느 것이 정설인지는 알 수 없지만 그가 1930년대 이후에는 우사라는 호를 즐겨 쓴 것은 분명하다.

김규식은 1923년 6월 모교인 미국 로녹대학Roanoke College에서 명예법

학박사 학위를 받은 뒤에는 '김박사' 또는 '닥터 김'으로도 자주 불렸다. 그리고 독립운동을 하는 과정에서는 다른 독립운동가들과 마찬가지로 가명을 썼다. 세계 각지를 다니면서 활동을 하다 보니 유난히 가명이 많아 그때그때 다른 가명을 쓰곤 했다. 중국으로 처음 망명했을 때 쓴 가명은 김성金成이었다. 1919년 파리강화회의에 참석했을 때는 중국에 귀화한 한인 김중문金仲文으로 위장해 여권을 발급받았다. 그러다 보니 미국과 프랑스에서는 김중문의 중국식 발음인 친청웬Chin Chung Wen 또는 친칭웬Chin Ching Wen으로 알고 있었다. 그런가 하면 1921년 모스크바에서 열린 극동민족대회에 참석했을 때는 박경Pak Kieng=Пак Киен이라는 가명을 썼다. 1920년대 이후에는 김일민金一民, 여일민余一民, 왕개석王介石 같은 가명을 쓰기도 했다. 그뿐만 아니라 1930년대 초 한국대일전선통일동맹과 중한민중대동맹 활동을 벌일 때는 소P. H. Soh, 한재강韓再剛, 한중서韓中書 C. S. Hahn라는 몇 개의 가명을 번갈아 썼으며, 1935년 이후 쓰촨대학 교수로 재직할 때는 호를 이름처럼 바꾼 김우사라는 가명을 썼다.

김규식이 해외에서 30년 이상 독립운동을 벌이는 동안 열 개에 가까운 가명을 썼다는 것은 그만큼 늘 경찰의 체포 위협에 직면하고 있었음을 의미한다. 물론 체포하려고 한 것은 주로 일제 경찰이었지만 어떤 때는 프랑스 경찰이 추적하기도 했고 상하이 공동 조계 경찰의 검거 대상이 되기도 했다. 중국식 이름을 자주 쓴 데는 중국인 행세를 함으로써 경찰에 정체를 들키지 않으려는 의도가 있었다.

청풍 김씨는 조선 중기 이후 노론 계열의 손꼽히는 명문가였다. 청풍(지금의 충청북도 제원군 청풍면)을 중심으로 한 충청북도 일대 여러 곳에

살았는데 일부가 황해도 해주를 거쳐 강원도 홍천으로 이주했다. 김규식의 할아버지와 아버지 묘소가 현재 홍천군 화천면에 있는 것으로 보아 김규식의 집안도 할아버지 대에 홍천에 정착했을 것이다.

산간오지인 홍천에 정착한 것은 집안이 몰락해가고 있었음을 의미한다. 그렇지만 아버지 김지성이 관리가 되면서 형편이 나아지기 시작했다. 김지성은 조선 왕조가 외국에 문호를 개방한 뒤 일본과 러시아에도 파견된 적이 있던 개화 관료였다. 자전거, 유리제조기술, 카메라를 처음 도입했다는 이야기까지 전해지는 것을 보면 외국에서 새로운 문물에 접한 뒤 세상의 변화에 일찍 눈을 뜬 것으로 보인다. 김지성은 1880년대 후반부터 동래부에서 무역 업무를 담당하고 있었다. 그러면서 1889년에는 상업과 수산업을 주 업종으로 하는 회사에 중역으로 참여하기도 했다.

1876년 조일수호조약에 의해 조선이 외국에 문호를 개방할 때 당시 부산포라고 불리던 부산은 인천, 원산과 더불어 개항장이 되었다. 특히 부산은 지정학적으로 일본과 한반도를 잇는 곳이었기 때문에 일본의 침략에 교두보 역할을 했다. 개항 이후 부산은 일제의 경제적 침탈이 이루어지는 핵심 무대 가운데 하나였다. 일본은 무력을 앞세워 일본인이 사는 거류지역을 확보한 뒤 우체국, 금융기관, 상업회의소 등을 설치해 부산 일대를 경제적으로 지배해나갔다. 그러던 중 1880년 일본영사관이 설치되면서 부산은 사실상 일본의 영토와 마찬가지가 되었다.

개항 이전 부산포를 관할한 것은 동래부였다. 김지성은 동래부에서 무역 업무에 종사하는 한편 회사경영에도 관여하고 있었다. 그러면서 일제 권력을 등에 업은 일본 상인과 일상적으로 부딪히게 되었다. 그러다 일본 상인의 잘못된 행위를 인정하는 내용이 들어 있는 불평등 조약을 시정해야 한다는 상소를 올린 것이 발단이 되어 귀양을 가게 되었다. 김규식이 네 살 때의 일이다. 아버지의 귀양 이후 김규식의 집안은 하루아침에 기울어졌다. 어머니와 함께 서울로 올라왔지만 어머니마저 여섯 살 때 사망하면서 김규식은 고아 아닌 고아가 되었다.

김규식의 어린 시절과 관련해서는 서울에 숙부들이 있었지만 형편이 어려워 김규식을 맡을 수 없어서 사실상 고아가 되었다는 이야기가 널리 퍼져 있다. 그런데 한 가지 의문이 생긴다. 『황성신문』 1904년 6월 11일자 기사는 김규식이 미국에서 대학을 졸업하고 귀국한다는 소식을 전하면서 외부外部 교섭국장 김익승金益昇의 조카라고 소개했다. 김익승은 일찍이 원산항 감리를 지내고 외부 교섭국장이 된 데서도 알 수 있듯이 주로 외교 업무에 종사한 관료였다. 그것도 나중에는 중추원 의관을 지내고 대신급에 해당하는 종2품까지 품계가 올라갔다. 배영의숙培英義塾이라는 학교를 설립하는가 하면 인쇄, 선박 운송, 건축, 양조, 면직, 창고, 금융 분야의 회사를 직접 만들어 기업 활동도 활발하게 전개했다. 그래서 한국 최초의 근대적 기업가라는 평을 들을 정도였다. 그런데 조카인 김규식 하나를 거둘 수 없었을까 하는 의문이 드는 것이다.

그렇기 때문에 김익승이 김지성의 첫 부인인 경주 김씨의 남자 형제이고 따라서 김규식의 친삼촌이 아니라 외삼촌이라는 설도 있다. 그러나 청풍 김씨 대종회 온라인 카페에는 김익승의 딸이자 온 국민이 다 아는 〈학교종〉의 작곡자인 김메리가 김규식과 사촌간이라는 글이 올라와 있다. 그러므로 김익승이 김규식의 삼촌이라고 주장하는 셈인데 이 주장도 근거가 없기는 마찬가지이다. 왜냐하면 김익승은 '익'자 항렬의 청풍 김씨 청로상장군파 22세손인데 비해 김지성은 파가 다른 판봉상시 사공파의 '성'자 항렬 22세손이기 때문이다. 따라서 김익승은 친삼촌이 아니라 집안 아저씨뻘이었을 가능성이 크다.

아무튼 어머니의 사망 이후 사실상 고아가 된 김규식을 거둔 것은 당시 서울에서 선교 사업의 일환으로 고아에 대한 구제활동을 벌이던 언더우드였다. 김규식이 언더우드를

언더우드와 함께 지내던 시절의 김규식

처음 만났을 때는 제대로 먹지 못해 건강이 극도로 약해진 상태였다. 언더우드는 다 죽어가는 김규식을 정성껏 보살펴 살렸지만 어렸을 때 건강을 해친 것이 평생 김규식에게는 멍에처럼 따라다녔다. 만성적인 위장병으로 고생하게 된 것이다.

김규식은 언더우드와 나중에 언더우드 부인이 되는 선교사 호튼Lillias S. Horton으로부터 귀여움을 받았다. 1890년 언더우드 부부에게 친아들이 생기기 전까지는 마치 양아들과도 같은 존재였다. 언더우드 부인이 쓴 글을 보면 어린 김규식에 대한 애정이 넘쳐 흐른다. 언더우드 부부는 김규식을 미국식 이름인 리틀 존Little John이라고 불렀고 언더우드 주위의 사람들은 'Bon Gabi'라고도 불렀다. 'Bon Gabi'의 뜻에 대해서는 '변

김규식(앞줄 왼쪽)과 언더우드(앞줄 오른쪽)

갑이'라는 설도 있고 '번개비'라는 설도 있다. 사경을 한 번 넘긴 다음 김규식의 체격이 또래에 비해 아주 작았다는 점을 감안하면 후자일 가능성이 크다.

언더우드는 1886년 5월 11일 고아학교를 열었다. 고아와 가난한 아이들에게 기술을 가르치는 일종의 기술학교였다. 이 학교는 나중에 민노아학당閔老雅學堂·구세학당救世學堂, 영신학교永信學校, 경신학교儆新學校로 차례로 이름이 바뀌었다. 김규식은 고아학교에서 초보적인 수준이기는 하지만 서구의 근대 학문을 처음으로 접할 수 있었다. 머리가 좋은데다가 성실하기까지 했던 김규식은 고아학교에서도 돋보이는 존재였다. 특히 영어를 정확하고도 빨리 익혀 주위를 놀라게 했다.

언더우드와의 만남으로 김규식은 서구 근대와 만날 수 있었는데 이 만남이 이후 그의 일생을 결정하는 중요한 계기가 되었다. 청년기 이후 죽을 때까지 미국 사람보다 더 유창한 영어를 구사한다는 이야기를 듣게 되는 바탕이 마련된 것도 이때였다. 게다가 당시 언더우드는 선교 사업에 한글을 쓰는 문제로 고심하고 있었다. 실제로 언더우드는 한글을 배운 지 1년 만에 한글로 전도하는 것이 가능해질 정도로 한글 공부에 열심이었다. 또한 성서를 한글로 번역하는 일, 그리고 이를 위해 한글 사전을 만드는 일에도 온힘을 기울이고 있었다. 그런 언더우드의 밑에

고아학교 학생과 교사

고아학교

서 김규식은 어린 나이에 언어 문제의 중요성을 알게 되었고 영어와 한글을 비교하는 데 관심을 갖게 되었다.

비록 진짜 가족은 아니지만 언더우드 부부의 사랑을 받으며 지내던 어느 날 아버지가 귀양에서 풀려나자 김규식은 1891년 아버지와 홍천으로 내려갔다. 그러나 아버지와의 해후는 짧은 만남으로 끝났다. 오랜 귀양 생활로 몸이 상한 아버지는 결핵을 앓다가 다음 해 세상을 떠났다. 이때 김규식의 나이는 불과 열한 살이었다. 게다가 한학을 가르쳐주던 할아버지마저 1894년에 세상을 떠나자 열세 살의 나이에 고아가 된 것이다.

김규식은 서울에서 다시 근대 교육을 받기로 결심했다. 서울에 올라왔을 때 마침 통역양성기관인 관립한성영어학교가 문을 열었다. 최초의 근대적 관립학교인 육영공원育英公院의 후신이었다. 영어에 일찍 눈을 뜬 김규식이 이 학교에 관심을 가진 것은 당연한 일이었다. 그리하여 1894년 학교에 입학하자마자 김규식은 발군의 실력을 보였다. 1년 반 뒤에는 성적이 좋은 학생으로만 짜여진 1반에서 수석을 차지했으니 전체 수석이라고 보아도 좋을 것이다. 그런데 웬일인지 김규식은 학교를 중도에 그만두었다. 졸업해보았자 통역관이 되는 데 그친다고 생각했기 때문인지도 모르겠다. 열다섯 살의 나이에 사회에 뛰어든 김규식은 영어를 잘한다는 장점을 살려 한때는 외국인 상대의 식품점에서 점원으로 일하기도 했지만 자신의 행로를 고민한 끝에 결국 더 뜻있는 일을 하기로 마음먹고 독립협회의 개화운동에 참여했다.

독립협회는 1896년 7월 창립되었지만 그 뿌리는 일본이 개입한 갑신정변(1884)과 갑오개혁(1894)까지 거슬러 올라간다. 일본은 두 차례의 개입이 모두 실패로 끝나자 1895년 을미사변을 일으켜 민비(명성황후)를 살해했다. 이에 분노한 고종은 1986년부터 러시아공사관으로 피신했고 그 결과 러시아와 친 러시아 세력의 힘이 커졌다. 그러자 개화파 가운데 일부가 고종이 러시아공사관에서 돌아와 자주권을 확고하게 하고 당면 문제를 해결하는 개혁정치를 단행할 것을 요구했다. 여기에 앞장선 것이 당시 내부대신이던 박영효朴泳孝였다. 박영효는 자신과 함께 갑신정변에 참여했다가 미국으로 망명한 뒤 의과대학을 졸업하고 병원에서 근무하고 있던 서재필徐載弼을 귀국시켜 개혁운동을 벌이도록 했다. 여기에 호응해 서재필이 만든 것이 독립협회였다. 서재필은 독립협회를 만들기 전에 이미 한글 3면, 영문 1면으로 짜여진 『독립신문』을 창간해 개혁사상을 널리 퍼뜨리는 작업을 하고 있었다.

　김규식은 독립협회에 회원으로 가입했고 『독립신문』에서는 영어 사무원 겸 회계로 일했다. 활동한 기간은 1년 남짓이었다. 그렇지만 독립협회에서의 활동은 국제정세의 변화 속에서 한반도의 운명을 생각하는 계기가 되었다. 『독립신문』을 통해 한글에 대한 관심을 갖게 되었다는 사실도 중요하다. 당시 『독립신문』에는 한글 운동의 중심이던 주시경周時經이 재직하고 있었다. 주시경의 노력으로 『독립신문』이 한글판을 내는 것을 보면서 어학에 남다른 재능이 있던 김규식은 한글에 대해 더 깊은 관심을 갖게 되었을 것이다.

　당시 서재필은 젊은이들에게 한국이 자주적인 나라가 되고 젊은이들이 앞으로 한국의 지도자로 성장하기 위해서는 가급적 미국으로 건너가 학문적, 도덕적 교육을 받는 것이 좋다면서 미국 유학을 적극적으로 권유하고 있었다. 김규식도 서재필과 만나면서 미국에 건너가 공부하는 문제를 적극적으로 생각하게 되었다. 영어에는 어느 정도 자신이 있었기 때문에 미국에서 새로운 도전을 하는 것이 그다지 어려운 일도 아니었다.

미국으로 떠나다

열일곱 살이 되던 1897년 김규식은 미국 유학길에 올랐다. 그해 가을에는 미국 동부 버지니아주에 있는, 루터교 계통의 로녹대학 예과에 입학했다. 로녹대학은 지금도 종합대학^{university}이 아니라 단과대학^{college} 체제를 유지하고 있는 작은 대학이다. 김규식이 입학하던 당시에도 동부의 다른 명문대학에 비해 많이 알려진 대학은 아니었다. 한 학년의 학생 수가 채 200명이 되지 않는 소규모의 문과 대학이었다. 그렇지만 미국에서 가장 먼저 인종 장벽을 없애고 대학의 국제화를 실현한 대학이 바로 로녹대학이었다. 김규식이 입학하기 전에는 미국의 선주민인 인디언을 집단으로 입학시켜 인디언 사회의 지도자로 육성하는 일을 추진하기도 했고 멕시코와 일본에서 유학생을 받아들이기도 했다.

　이러한 정책을 추진한 것이 김규식이 입학할 때의 학장이던 드레허$^{Julius\ Dreher}$였다. 드레허가 학장으로 있을 때 로녹대학은 특히 한국과 깊은 인연을 맺고 있었다. 드레허는 아직 미국에 알려지지 않은 동아시아의 작은 나라 한국에 관심을 갖고 일부러 워싱턴의 한국공사관을 찾아가 한국 유학생을 받아들이겠다는 뜻을 밝혔다. 그 결과 1893년에 입학한 서규병徐圭炳을 비롯해 고종의 아들인 의친왕 이강李堈 등 30여 명의 한국 젊은이가 로녹대학의 문을 두드렸다. 김규식도 그 가운데 한 사람이었다. 김규식이 입학하던 해 겨울에는 주미공사 서광범徐光範에게 명예석사학위를 줄 정도로 로녹대학의 분위기는 한국 유학생에게 우호적이었다.

김규식은 로녹대학 예과에 입학하자마자 뛰어난 학업 성과를 올렸다. 1897년 가을학기에 수강한 예과 과목 성적은 영어 88점, 초급 라틴어 94점, 역사 87점, 영어 독해 94점, 수학 88점, 상업 수학 80점, 영어 작문 89점이었다. 1898년 봄학기에는 성적이 더 올라 영어 92점, 라틴어 91점과 96점, 역사 94점, 수학 97.7점이었다. 이는 예과 전체에서 2등에 해당하는 좋은 성적이었다. 예과 성적이 워낙 좋았기 때문에 더 이상의 예과 과정을 밟지 않고 1898년 가을학기부터 본과에 들어갈 수 있었다. 본과에 들어간 김규식은 후에도 좋은 성적을 계속 유지했다. 특히 어학 관련 성적이 뛰어났다. 실제로 영어, 중국어, 일어, 프랑스어, 러시아어, 독일어, 라틴어, 인도어 등 8개 국어를 구사할 수 있을 정도로 언어에 특별한 재능을 보였다.

하지만 김규식이 학업에만 매달린 것은 아니었다. 대학생활에 어느 정도 적응하면서부터는 클럽활동에도 적극적으로 나섰다. 김규식이 회원으로 가입한 클럽은 고대 그리스의 유명한 웅변가의 이름을 따온 데모스테니언 문학회Demosthenean Literary Society라는 웅변토론클럽이었다. 이 클럽은 매주 일정한 주제를 정해 찬반으로 나누어 토론을 벌였다. 김규식은 토론에 적극적으로 임했다. 보기를 들어 1898년 10월 8일 열린 '영미동맹은 미국에 유리할 것인가'라는 토론에서는 반대하는 쪽에서 토론을 벌였고 같은 해 12월 10일 열린 '흑인 교육은 미국 남부에 유리하다'라는 토론에서는 찬성하는 쪽에서 토론을 벌였다. 그리고 외국에서 온 유학생임도 불구하고 클럽의 서기, 부회장을 거쳐 1902년에는 회장으로 뽑혔다. 이는 김규식의 활동이 다른 학생들로부터 인정을 받았음을 의미한다. 실제로 김규식은 학교에서 열린 강연회나 연설회에 여러 차례 참여해 그때마다 웅변술과 영어가 뛰어나다는 평가를 받았다.

또한 김규식은 기회가 있을 때마다 『로녹대학생Roanoke Collegian』에 한국을 알리는 글을 기고했다. 첫 번째 글은 1900년 5월호에 실린 「한국어The Korean Language」라는 글이다. 이 글은 한국을 중국이나 일본에 비해 고유한 언어도 갖지 못한 나라라고 생각하는 동료 학생들에게 한글을 소개하기 위해 쓴 것이다. 그러나 글의 내용은 단순한 소개가 아니라 한글의 계통, 음운 및 문법 구조의 특성을 역사 비교 언어학의 관점에서 설명하는 데까지 나아갔다. 그래서 현재 국어학계에서 한국인이 세운 최초의 종합적 국어 구조론이라는 평가를 받고 있다. 특히 중국어, 일본어, 서구의 여러 언어, 산스크리트어 등과 한글을 비교하면서 한글의 음운 및 문법 구조의 특성을 지적한 것은 언어에 대한 김규식의 폭넓은 지식을 보여준다. 물론 그 바탕에는 어렸을 때 언더우드 곁에서 영어를 한글로 옮기는 작업을 지켜보고 한글판 『독립신문』 발간에도 관여한 경험이 자리하고 있었다.

이어 1902년 5월호에는 「동방의 서광The Dawn in the East」이라는 글을 기고했다. 일종의 시사평론인 이 글에서 김규식은 열강의 위협 아래 신음하고 있는 조국에 대한 애정과 희망을 뛰어난 문장력으로 표현했다. 보기를 들어 "서양에서는 근대문명이 꽃 피고 있는 반면에 동쪽은 암흑의 밤이 깊이 들어 있다"라는 구절이나 "동양의 거목들은 한때 은빛의 이슬로 빛났지만 지금은 겨울의 깊은 눈에 싸여 지탱하지 못하고 쓰러지고 있다. 그러나 깊은 밤은 곧 지나갈 것이고 한국에도 서광이 비칠 것이니 도둑들은 물러갈 것이고 나라의 부를 약탈하는 무리들이 없어질 것이며 결국에는 외국의 횡포에서 벗어나게 될 것이다"라는 구절은 영어를 한글로 옮겨도 한 편의 시와 같이 아름답고도 감동적이다.

그러나 학생 논객으로서의 김규식의 면모가 가장 돋보이는 글은 1903년 5월호에 실린 「러시아와 한국 문제 Russia and the Korean Question」이다. 러일전쟁이 일어나기 거의 1년 전에 쓴 이 글에서 김규식은 머지않아 러시아와 일본 사이에 전쟁이 일어날 것이라고 정확하게 예측했다. 이는 단순한 추측이 아니라 동아시아 여러 나라의 상황을 날카롭게 분석한 끝에 내린 결론이었다.

김규식은 한국의 운명이 동아시아로의 진출을 꿈꾸는 러시아와 새로운 세력으로 부상한 일본 사이에 달렸다고 보면서도 결국에는 일본이 러시아와의 경쟁에서 이길 가능성이 높다고 예견했다. 그 이유는 "러시아는 단지 한국을 원할 뿐이지만 일본은 한국을 자신들의 잉여 인구와 에너지의 배출구로 삼는 등 절대적으로 필요로 하고 있다고 판단하기 때문이다"라는 것이었다. 그리고 김규식의 예견은 불행하게도 역사적 사실이 되었다. 미국 유학을 통해 김규식에게는 국제 정세를 바라보는 예리한 안목이 이미 만들어지고 있었던 것이다.

그런데 이 글 끝 부분에서 김규식은 한국이 "현재의 정부 체제 아래 신음하며 지내는 것"보다는 러시아나 일본에 속하는 것이 나으며 한국의 운명을 두 나라 가운데 어느 한 나라에 맡긴다면 "일본의 비호 아래 비록 소유물과 권리를 빼앗기지만 입고, 먹고, 교육받고, 평온하게 제국의 훌륭한 신민"이 되는 게 낫다는, 읽기에 따라서는 미묘하게 해석될 여지가 있는 이야기를 했다. 그러나 이는 일종의 반어법이었다. 이 글의 진정한 결론은 "만약 불행한 한국이 이제라도 각성한다면, 박두한 압제를 곧 벗어버릴 수 있을 것이다! 그러면 일본은 한국을 기꺼이 이웃으로 대할 것이다"라는 두 문단에 압축되어 있다. 한국이 새로운 나라로 거듭난다면 러시아든 일본이든 외세의 침략을 이겨내고 자주적인 나라로 우뚝 설 수 있다는 것이 미국에서의 유학 생활을 마무리하면서 김규식이 내린 희망어린 결론이었다.

한말 민족운동에 참여하다 02

상하이의 혁명 분위기

김규식은 1903년 6월 평균 92.16점이라는 우수한 성적으로 대학을 졸업했다. 6년 만의 졸업이었다. 그 뒤 미국에 머물던 김규식이 귀국을 결심한 것은 1904년 봄이었다. 이미 상당한 수준의 영어 구사 능력을 갖추고 있었기 때문에 본인만 원한다면 얼마든지 미국에 남을 수 있었다. 2월에는 프린스턴Princeton대학에서 대학원 장학금을 받는 것이 확정되었다. 그런데도 김규식은 귀국을 선택했다. 러일전쟁의 전운이 아직 사라지지 않은 때였다.

귀국 직전인 2월에는 러일전쟁 발발을 계기로 한일의정서가 체결되어 일제의 본격적인 한반도 강점이 시작되었다. 이미 로녹대학 재학 시절 러시아와 일본 사이에 전쟁이 일어날 것이고 그 전쟁이 한반도의 운명에 결정적인 계기가 될 것이라는 내용의 글을 쓸 정도로 국제 정세의 변화를 예의 주시하고 있던 김규식으로서는 멀리 미국에 떨어져서 조국의 운명을 수수방관할 수만은 없었을 것이다.

언더우드 부인은 귀국 당시 김규식을 둘러싼 상황에 대해 다음과 같이 적었다.

청년 김규식에게는 봉급이나 물질보다도 더 중요한 사명감이 있었고 그는 무엇보다 민족을 향상시키고 계몽해야 한다는 굳은 목적의식과 사람은 빵으로 살 수 없으며 더구나 사람은 육신만이 아니라는 숭고한 신앙심을 가지고 있었다.

당시 귀국 소식이 신문에 보도될 정도로 김규식은 이미 많은 사람의 주목을 받고 있었다. 먼저 한국에서 기업 활동을 하고 있던 외국 상사商社, 광산 회사, 은행 등이 돈으로 김규식을 유혹했다. 영어 실력을 높이 샀기 때문이다. 여기에 기독교의 친일화를 모색하던 일제도 김규식을 일본 쪽으로 끌어들이려고 했다. 그러나 김규식은 모든 유혹을 떨쳐버렸다. 그가 관심을 가진 것은 바람 앞의 등불처럼 위기에 처한 나라와 민족을 구하는 일뿐이었다.

김규식이 돌아온 뒤 일제는 본격적으로 한반도 강점에 나섰다. 한반도 전역에 일본 군대가 진주했다. 1905년에는 을사늑약으로 한반도를 통치하는 통감부가 설치되었고 대한제국의 외교권은 일본으로 넘어갔다. 그리고 1907년의 정미7조약을 통해 고위 관료 임면권, 법령 제정권, 그리고 사법권까지 빼앗김으로써 대한제국은 스스로 국가를 운영하는 기회조차 갖지 못하게 되었다.

김규식은 정세의 변화를 주시하면서 자신이 할 수 있는 일이 무엇인지 진지하게 고민했다. 그런 와중에 1905년 1월 2일 일본군이 중국 랴오둥반도에 있는 러시아 군항 뤼순旅順을 함락하는 것을 보고 러일전쟁이 일본의 승리로 끝날 것임을 확신했다. 그로부터 16일 뒤인 1월 18일 크리미아전쟁을 끝나게 한 세바스토폴 함락에 빗대 뤼순 함락의 의미를 분석한 글을 써서 『로녹대학생』에 보냈고 이 글은 5월호에 실렸다.

1905년 5월 러일전쟁이 끝나면서 미국의 중재로 9월에 러시아와 일본 사이에 강화조약이 체결된다는 소식이 들렸다. 김규식은 회담이 열리는 미국 포츠머스에 가기로 결심했다. 일찍이 국제정세의 중요성을 인식하고 있던 김규식으로서는 한반도의 운명을 좌우할 포츠머스 회담을 직접 옆에서 지켜보고 싶은 생각이 간절했다. 그러나 이미 한반도를 강점한 일제의 방해로 포츠머스로 바로 가는 것이 불가능했기 때문에 중국 상하이上海를 거쳐 미국으로 가는 우회로를 선택하고 8월에 상하이로 출발했다. 그러나 상하이에서 이미 강화조약이 체결되었다는 소식을 듣고 석 달 동안 그곳에 머물렀다.

당시 상하이는 행정구역상으로는 장쑤성江蘇省에 속한 한 도시이지만 정치·경제상으로는 이미 어느 한 성省 이상의 무게를 갖고 있던 곳이었다. 그곳에는 특권적 외국인 전용 거주 지역인 영국 조계, 프랑스 조계, 공동 조계가 설치되어 있었고 이들 조계를 근거지로 삼아 외국 세력은 끊임없이 중국에 진출하고 있었다.

동시에 상하이는 중국 국민혁명을 추진하던 이른바 혁명파의 본거지 가운데 한 곳이었다. 김규식이 도착하기 2년 전에는 『소보蘇報』 사건이 일어나 여론이 들끓고 있었다. 당시 상하이에서는 혁명파인 저우룽鄒容이 1903년에 낸 『혁명군革命軍』이라는 책이 널리 읽히고 있었다. 그러자 장빙린章炳麟이 혁명의 취지를 더 널리 선전하기 위해 이 책의 서언을 『소보』라는 잡지에 게재한 것이 발단이 되어 외국 세력과 정부의 탄압을 받았다. 필화 사건으로 투옥된 저우룽이 옥에서 사망하자 상하이의 혁명 분위기는 더욱 달아올랐다.

그 결과 1904년에는 장빙린, 차이위안페이蔡元培 등을 중심으로 '한족을 광복하고 우리 강산을 되돌려 받자'는 구호를 내세운 반청 혁명단체 광복회가 출범해 장쑤성과 저장성浙江省 일대에서 민족주의를 고취하는 활동을 벌였다. 그리고 광복회는 1905년에 쑨원孫文의 흥중회, 황싱黃興의 화흥회와 연합해 중국동맹회가 되었다. 얼마 뒤의 일이지만 1911년에 일어난 신해혁명의 주체가 된 것이 중국동맹회였고 1912년에 출범한 국민당의 모체가 된 것도 중국동맹회였다. 따라서 김규식의 상하이 체류는 뜻하지 않게 외국의 중국 침략과 거기에 맞서는 중국 민족주의의 충돌을 직접 목격하는 기회가 되었다. 상하이 체류를 통해 김규식은 민족 혁명에 눈뜨게 되었다.

교육자로서의 다양한 활동

김규식이 상하이에서 돌아오자마자 을사늑약이 체결되었다. 그때까지만 해도 김규식은 다시 미국에 가서 공부를 계속하겠다는 생각을 갖고 있었다. 그러나 을사늑약으로 국권이 일본에게 완전히 넘어가는 현실을 지켜보면서부터는 공부의 꿈을 버리고 나라와 민족의 위기를 구하는 활동에 직접 뛰어들기로 결심했다. 그러한 결심은 당시 전국 방방곡곡에서 일어나고 있던 계몽운동에 동참하는 것으로 구체화되었다.

1906년 4월 윤효정尹孝定, 장지연張志淵, 윤치호尹致昊 등을 중심으로 한말의 대표적인 계몽운동단체인 대한자강회大韓自强會가 출범했다. 대한자강회는 자강을 통한 국권회복이라는 목표를 이루기 위해 학부의 교과서 편찬 문제, 사범학교 설립 문제, 사립학교의 연대 문제, 의무교육의 실시 문제 등에 대한 건의문을 정부에 제출하는 한편 기관지『대한자강회월보』발간과 사립학교의 직접 설립 및 운영을 통해 자강의 관념을 널리 보급하려고 했다.

출범한 뒤 얼마 지나지 않아 김규식은 대한자강회 회원으로 활동하기 시작했다. 강연회의 연사로 나서기도 했고『대한자강회월보』편집에 참여하기도 했다. 출범 한 달 뒤인 1906년 5월에는 장지연, 여병현呂炳鉉 등과 함께 교육부 위원으로 선임되었고 같은 달 19일에는 대한자강회가 연 강연회에서 '미국의 농업'이라는 주제로 강연했다. 이어 같은 달 21일 열린 통상회에서는 부회장인 윤효정, 그리고 당시 회의 실세이던 오가키大垣丈夫와 함께 소감을 밝혔다. 가입하자마자 대한자강회에서 활발한 활동을 벌였던 것이다. 대한자강회의 임원은 반년마다 개편되었는데 김규식은 제2기와 제3기 평의원으로 선임되었다. 대한자강회가 통감부에 의해 해산당한 뒤 새로 출범한 대한협회에도 발기인으로 참여했다.

김규식이 벌인 계몽운동은 대한자강회나 대한협회활동에 그치지 않았다. 계몽운동에서 가장 강조된 것이 교육운동이었다. 김규식은 교육운동에 적극 참여했다.

계몽운동의 일환으로 전국 각지에서 민중을 계몽하기 위한 사립학교가 설립되었다. 흥화학교興化學校도 그 가운데 하나였다. 흥화학교는 특명 전권 공사로 미국과 유럽 여러 나라를 시찰하고 돌아온 민영환閔泳煥이 외국어와 근대기술을 가르치기 위해 1895년에 설립한 학교였다. 을사늑약에 반대하며 민영환이 순국하자 흥화학교는 한동안 위기를 겪었는데 이때 흥화학교를 되살리는 데 앞장선 사람이 김규식이었다. 당시 신문·잡지에는 흥화학교 기사가 많이 실렸는데 1906년 10월 30일자 기사에 따르면 김규식은 총교사總敎師로 활동하고 있었다. 총교사란 교무주임에 해당하는 직책이다. 김규식은 1906년 10월 이전에 흥화학교에서 학생들을 가르치는 책임을 맡고 있었는데 당시 교장은 대한자강회 평의장이던 임병항林炳恒이었다.

김규식은 흥화학교에서 영어를 담당했지만 영어만 아니라 나라의 주권을 일제에 빼앗기는 상황에서 젊은이들이 어떻게 해야 하는지도 가르치려고 힘썼다. 그 결과 '고명한 학문'을 열심히 가르치는 '좋은 스승良師'이라는 평가를 받았다. 흥화학교는 1906년 11월 30일 민영환 순국 1주기를 맞아 추도식을 거행했는데 이때 김규식은 교사와 학생, 그리고 외빈 앞에서 민영환의 행적을 보고하고 추도연설을 했다. 이날 추도식을 마치면서 참석자들은 민영환을 기리는 추도가를 합창했다.

　　분발할사 학도들아 정녕 유서 잊을손가

충애 목적 본을 받아 독립정신 기릅시다

연년 이 날 이 노래를 기념삼아 하여 보세

민영환이 남긴 뜻을 이어받아 국권을 회복하는 데 앞장서자는 것이 흥화학교 교사와 학생이 이심전심으로 갖고 있던 생각이었다.

김규식의 교육운동은 흥화학교에만 그치지 않았다. 1906년 7월에는 평양에서 1904년에 설립된 대동학교大同學校가 러일전쟁을 계기로 휴지상태에 빠지자 이를 되살리기 위해 여병현, 장지연, 박은식朴殷植, 이갑李甲 등과 함께 찬성원으로 나섰다. 그런가 하면 흥화학교 총교사로 재직하고 있던 1906년 말에는 서울의 광화신숙廣化新塾과 상업전문학교에서 영어과 강사를 맡았다. 1907년 2월에는 윤효정, 여병현, 이상재李商材 등과 함께 서울의 장훈학교長薰學校를 유지하기 위한 활동을 벌이기도 했다.

경신학교에 재직하고 있던 1910년대 초반에는 멀리 평양의 기독교계 학교인 숭실중학崇實中學에서 학생들을 가르쳤다. 이때 김규식에게 1년 동안 수사학修辭學을 배운 조병옥趙炳玉의 회고에 따르면 "영어에 능란하였으며 또 한문도 쉽게 습득해 종횡으로 구사하는데 그 재주는 놀라지 않을 수 없었"고 따라서 김규식에게 누구보다도 많은 기대를 갖게 되었다고 한다.

김규식은 나라와 민족을 구하는 데는 새로운 세대가 중요하다고 보고 소년운동에도 깊이 관여했다. 1908년 8월에는 학교설립을 목표로 만들어진 소년동지회 회장을 맡았으며 이 단체가 1908년 9월 동지학

우친목회와 합쳐 대한소년회로 재출범할 때도 회장을 맡았다. 1909년 2월 대한소년회 총회에서는 '소년의 전도前途'라는 주제의 강연을 했다. 그러나 김규식의 소년운동은 그리 오래 가지 못했다. 1909년 말 대한소년회가 재정난으로 문을 닫았기 때문이다.

이밖에도 김규식이 계몽운동과 관련해 벌인 활동은 다양했다. 1908년 7월에 열린 이른바 '대한매일신보 사건' 재판에서는 영국인 변호사와 양기탁梁起鐸 사이의 증인 신문 통역을 맡아 완벽하게 해냈다. 1909년 9월에는 근대 지식을 민중에게 더 널리 보급하기 위해 남대문 밖에 일종의 도서관인 동지문예관을 설치했다. 이어 같은 해 10월에는 한미흥업회사라는 회사를 만드는 데도 깊이 관여했다. 흥화학교 교장이자 대한자강회 간부이던 임병항이 동참한 데서도 알 수 있듯이 한미흥업회사는 계몽운동의 일환으로 출범한 회사였다.

이 시기 김규식이 벌인 계몽운동 가운데 빠뜨릴 수 없는 것이 바로 최초의 문법서 가운데 하나인 『대한문법』의 집필과 발간이다. 김규식은 1906년부터 한글 문법의 체계화를 지향한 문법서 집필에 착수한 뒤 1908년 『대한문법』을 발간했다. 김규식이 『대한문법』의 집필에 들어간 1906년에는 『독립신문』에서 김규식과 같이 활동하던 주시경이 쓴 『국어문법』이 이미 나와 있었으므로 주시경의 한글운동이 김규식에게 영향을 미쳤을 것이다. 김규식이 로녹대학에 재학하고 있을 때 쓴 「한국어」라는 논문을 더 다듬어 한 권의 책으로 낸 것이 『대한문법』이었다.

이 책에서 김규식은 북방언어인 우랄알타이어의 한 계통으로 한글을 보는 다른 초기 한글 연구자들과는 달리 한글이 북방언어와 남방언어의 유입을 통해 형성되었다고 주장했다. 또한 한글의 형성을 한반도에서의 국가 형성의 역사와 관련해 설명하고 있는 것도 김규식의 한글계통론이 갖는 특징이다. 김규식에 따르면 단군시대에는 언어가 북방에서 왔고 기자箕子의 도래를 계기로 중국 문자가 들어왔으며 그 뒤 가락국 시조 김수로왕 때 인도 남부의 언어도 들어왔다고 한다. 그런데 신라가 한반도를 통일하면서 비로소 북방계와 남방계의 두 언어가 융합되어 하나의 언어가 될 수 있었다는 것이다. 이와 같이 고대국가 형성을 한글

『대한문법』 표지

계통으로 연결시킴으로써 당시 보편 문법으로 알려진 라틴어 문법을 기준으로 한글의 문법 체계를 설명하려는 다른 한글 연구자들과는 달리 일종의 역사 비교 언어학 방법에 기대 한글의 개별성에 대한 인식을 더욱 심화시키는 계기를 마련했다. 이런 의미에서 김규식은 언어의 공통성과 개별성에 대한 과학적 인식을 바탕으로 한글 문법을 기술하려고 한 최초의 문법가 가운데 한 사람이라고 할 수 있다.

그렇다고 『대한문법』을 단순한 문법서로만 여길 수는 없다. 당시 김규식은 계몽운동에 열정을 쏟고 있었다. 주로 영어를 가르치고 있었지만 교육운동의 일선에서 활동하는 동안 민중을 계몽하기 위해서는 한글을 다듬고 보급하는 일이 중요하다고 여겼기 때문에 다양한 활동으로 바쁜 와중에도 문법서 발간에 귀중한 시간을 쏟았던 것이다.

기독교 민족운동

김규식은 계몽운동을 벌이면서 종교의 힘으로 나라와 민족을 구하려는 기독교 민족운동도 중시했다. 어렸을 때 언더우드와 함께 지낸 김규식이 기독교 신자가 된 것은 당연한 일이었을 것이다. 그런데 김규식이 언제 정식으로 기독교에 입문하게 되었는지는 분명하지 않다. 언더우드의 영향으로 일찍부터 기독교를 접했을 텐데도 김규식은 미국에서 돌아와서 새문안교회에 신자로 등록할 때 1908년에 세례를 받았다고 밝혔다. 1908년은 로녹대학에 입학한 다음 해이므로 아마 루터교 계통의 학교에 입학하게 된 것이 정식으로 세례를 받는 데 영향을 미쳤을 것이다.

비록 미국에서 세례를 받기는 했지만 자신의 모교회라고 할 수 있는 새문안교회에서 김규식은 헌신적으로 활동했다. 처음에는 집사 직분을 맡아 언더우드 목사를 도왔다. 당회와 제직회의 서기로 회의가 열릴 때마다 참석했고 세례문답식 등 교회의 여러 행사에 빠짐없이 참여하며 회의나 행사가 끝난 뒤에는 결과를 기록으로 남겼다. 지금도 새문안교회에는 김규식이 직접 쓴 친필 문서가 많이 남아 있다.

특히 대외적으로 큰 행사가 있을 때면 늘 교회를 대표해 참석하고는 했다. 대표적인 보기가 1910년 5월 29일의 신축 예배당 헌당식이다. 이 헌당식에서 김규식은 교회를 대표해 봉헌사奉獻辭를 했다. 봉헌사에는 경과보고, 건축의 책임을 맡은 중국인 기술자 해리 장Harry Chang의 노고에 대한 감사가 포함되어 있었다. 이어 새문안교회 교인을 대표해 언더우드 목사에게 교회의 열쇠와 문서를 전달한 것도 김규식이었다.

이와 같이 새문안교회 일을 열심히 하던 와중에 같은 교회 교인이며 군수를 지낸 조순환趙淳煥의 무남독녀 조은애趙恩愛와 1906년 5월 21일 혼인을 했다. 원래 혼담이 오고간 상대는 당시 제중원의학교에서 의학을 공부하고 있던 김필순金弼淳의 동생 김순애金淳愛였지만 김순애가 민족운동에 헌신하기 위해 독신을 결심하는 바람에 조은애와 결혼하게 되었다고 한다. 결혼식은 새문안교회에서 전통 혼례로 거행되었다. 열세 살의 나이에 고아가 된 뒤

김순애

12년 만에 꾸리게 된 가정이었다. 1907년에는 큰 아들 진필鎭弼이 태어났지만 여섯 달도 넘기지 못하고 세상을 떠났다. 가족의 정에 목말라 했을 김규식에게는 엄청난 아픔이었을 텐데 신앙의 힘과 민족에 대한 사랑으로 시련을 이겨냈다.

김규식은 1910년 12월에는 스물아홉 살의 젊은 나이에 새문안교회 장로가 되었다. 이어 1911년 12월에는 새문안교회에서 열린 예수교장로회 경기·충청노회 창립 노회에 새문안교회 장로 자격으로 참석해 서기로 선출되었다.

김규식의 기독교 민족운동은 새문안교회 밖에서 더 빛이 났다. 자신의 모교이기도 한 경신학교에서 교감을 맡고 1912년 가을부터는 연세대학교의 모태인 배재학당 대학부에서도 학생들을 가르쳤다. 그러나 김규식이 가장 심혈을 기울인 것은 황성기독교청년회 곧 YMCA에서의 활동이다.

YMCA가 출범한 것은 1903년 10월이었다. 처음에는 주로 외국인이 YMCA의 운영을 주도하다가 1904년 후반기에 이르러 비로소 한국인이 간사에 임명되었다. 김규식도 이때 교육부 간사가 되었는데 귀국 후 처음으로 맡은 공식 직책이었다. 1905년에는 이사로 선임되었는데 단 세 명밖에 없는 한국인 이사 가운데 한 사람이었다. 1907년에는 회장단의 서기, 의사부議事部 위원, 교육부 위원, 교사부敎師部 교사라는 1인 4역을 맡고 있었다. 당시 YMCA 간부 가운데 김규식처럼 동시에 많은 역할을 수행한 사람은 거의 없었다. 이는 YMCA 안에서 김규식이 그만큼 중요한 인물이었고 김규식도 자신과 YMCA를 동일시하고 있었음을 의미한다.

YMCA 활동과 관련해 김규식이 가장 활약한 분야는 강연과 연설이었다. 김규식은 YMCA 강연·연설회의 단골 연사였다. 신문 보도로 확인되는 것만 해도 1906년 3월부터 1909년 6월까지의 3년 4개월 사이에 여덟 차례나 연사로 나섰다. 강연·연설의 주제는 '스웨덴 황제의 사적事蹟', '재일본 한국 유학생의 정형情形', '문명의 기초', '우리 한국의 앞길', '청년은 나라의 원기' 등이었다. 특히 1908년 3월에 '우리 한국의 앞길'이라는 제목의 연설을 한 데 이어 다음 달에도 같은 제목의 연설을 다시 한 것이 눈길을 끈다. 국권 상실이라는 위기에 처한 우리 민족이 어떻게 해야 할 것인가를 주제로 한 김규식의 연설이 상당한 호응을 얻고 있었음을 알 수 있다.

강연·연설회 이외에도 김규식은 다양한 YMCA 활동에 참여했다. 1906년 10월 YMCA는 일어반, 영어반, 역사반, 지지地誌반 등으로 이루어진 학관을 설치했는데 김규식은 처음에는 영어반 교사를 맡았고 나중에는 교장이 되었다. 1910년 6월 하순에는 YMCA 학생들의 연합 수련회인 제1회 학생 하령회夏令會에 연사로 초청되어 '결단의 가치'라는 주제의 강연을 했다.

 김규식은 1907년에 윤치호, 김필순과 함께 YMCA 대표로 뽑혀 상하이에서 열린 만국기독교청년회에 참석했고 이어서 일본 도쿄東京에서 열린 동양연합회에도 참석했다. 도쿄는 초행이었지만 상하이는 두 번째 방문이었다. 이때의 여행을 통해 느낀 바를 '일청유력日淸遊歷의 감상' 그리고 '재일본 한국 유학생의 정형'이라는 제목으로 대한자강회와 YMCA에서 각각 발표하기도 했다. 미국에 이어 한반도의 운명과 직결된 중국, 일본을 짧은 기간이지만 직접 체험한 것은 김규식이 정세 인식을 다듬는 데 큰 도움이 되었을 것이다.

김필순, 안창호, 이태준과의 만남

김규식은 다양한 활동을 벌이면서 이후 중요한 의미를 갖는 몇 사람과 만났다. 바로 김필순, 안창호安昌浩, 이태준李泰俊이다.

 김규식은 교회활동을 통해 세 살 위의 김필순을 알게 되었다. 김규식의 손위 처남이 될 뻔한 사이였는데 두 사람은 매우 가까웠고 1919년 김필순이 만주에서 죽을 때까지 평생 동지의 관계를 유지했다.

 김필순은 우리나라 최초의 의사 가운데 한 사람이었다. 나중에 세브란스 의학교를 거쳐 세브란스 의학전문학교로 바뀌는 제중원 의학교를

김필순

졸업하고 당시 손꼽히던 세브란스 병원에 근무하면서 주위의 기대를 한몸에 받던 앞길이 밝은 의사였다. 그런데 김필순은 모교에서 학생들을 가르치고 서양의학 서적을 한글로 번역하는 데 만족하지 않고 사회활동에 적극 참여했다. 1907년 8월 군대해산에 반대해 총을 들고 일어난 군인들이 부상을 당하자 앞장서서 치료 활동을 벌였고, 1909년에는 전염병이 돌자 동료들과 함께 방역단을 조직해 예방활동을 벌였다. 김필순이 이와 같이 적극적으로 의술을 통한 사회활동에 적극 나선 데는 강렬한 민족의식이 자리를 잡고 있었다.

김필순은 일찍부터 동생과 함께 세브란스 병원 앞에서 김형제상회라는 회사를 경영하고 있었다. 안창호가 1907년 5월 도쿄에서 열리는 박람회를 보러 갈 때 경비를 부담한 것이 김형제상회였다. 김필순은 그 이전부터 안창호와 의형제처럼 지냈기 때문에 1907년 무렵 안창호가 신민회 사업에 몰두하고 있을 때는 김형제상회 한 층을 사무실로 제공하기도 했다. 심지어 안창호가 신혼살림을 차린 곳도 김필순의 집이었다. 김필순과 안창호는 민족운동에 뜻을 같이 하던 동지였다.

이태준도 1911년 6월 세브란스 의학교를 졸업한 의사였다. 의학교에 다닐 때 김필순에게 배웠기 때문에 두 사람의 관계는 선생과 제자인 동시에 선배와 후배이기도 했다. 이태준은 1910년 8월 나라가 망한 뒤 김필순과 함께 망명을 계획했고 실제로 김필순이 중국으로 망명할 때

배웅했다. 그만큼 이태준은 김필순으로부터 큰 영향을 받고 있었다. 그러므로 김규식과 이태준은 김필순을 통해 서로 잘 알고 있었을 것이다. 김규식이 중국으로 망명한 뒤 이태준이 있던 난징南京으로 찾아간 것도 두 사람의 관계를 짐작할 수 있는 부분이다.

안창호

이태준은 의학교 재학 시절부터 구국 운동에 참여하고 있었다. 안창호는 1909년 10월 일본 헌병대에 체포되었다가 1910년 2월에 석방된 뒤 세브란스 병원에 입원했다. 이때 이태준을 만나 청년학우회에 가입할 것을 열심히 권했다고 한다. 그로 인해 이태준은 한말 국내 최대의 비밀결사이던 신민회의 자매 단체인 청년학우회에 가담했다.

안창호는 김필순과 마찬가지로 김규식보다 세 살 위였다. 김규식이 어려서 다닌 적이 있던 고아학교에서 바뀐 구세학당에서 공부했기 때문에 김규식과는 동문 사이였다. 언더우드를 통해 김규식이 기독교에 입문했듯이 안창호에게 기독교를 전도한 것도 새문안교회의 첫 한국인 장로이던 송순명宋淳明이었다. 또한 안창호는 구세학당의 후신으로 새문안교회에서 운영하던 영신학교 교사였다. 김규식과 같은 시기에 독립협회에서도 활동했다. 그러므로 김규식과 안창호는 서로를 잘 알고 있었을 것이다.

결국 이 무렵 기독교와 민족의식이라는 공통 요소를 갖고 있던 김규식, 김필순, 안창호, 이태준의 네 사람 사이에는 국권 회복이라는 공동의 목표를 위해 뜻을 모으던 동지 관계가 만들어지고 있었던 것으로 보인다. 이 가운데 안창호는 나라가 망하기 직전인 1910년 봄 중국으로 건너간 뒤 1911년 미국으로 망명했지만 나머지 세 사람은 모두 중국으로의 망명을 결행했다는 사실에서도 이들의 관계를 엿볼 수 있다. 그리고 중국으로 망명한 세 사람은 중국에서 편지나 사람을 통해 계속 연락을 주고 받았으며 미국에 있는 안창호에게도 수시로 편지를 보내 자신의 현재 상황을 알리고 앞으로의 활동에 관해 논의하고는 했다. 따라서 망명 이전에 네 사람 사이에 해외로의 망명과 망명 이후 독립운동의 방략에 관한 협의가 있었음을 알 수 있다.

중국 망명과 초기 독립운동 03

중국으로 망명하다

김규식은 1913년 4월 2일 부인과 한 해 전에 태어난 아들 진동鎭東을 남겨둔 채 혼자 중국 망명길에 올랐다. 그러면서 자신의 망명을 일제에 들키지 않으려고 애썼다. 사정을 누구보다 잘 알고 있던 언더우드 부인이 김규식이 서울을 떠난 뒤에 쓴 글에서 "김규식 씨는 4월 2일에 호주를 향해 출발했다. 그는 호주의 큰 대학에서 대학원 학위를 획득하기 위한 공부를 하리라고 한다"라고 밝힌 데서 그러한 정황을 읽을 수 있다. 실제로 김규식은 서울을 떠나면서 호주 유학을 내세웠다. 그리고 새문안교회에서 연 환송식에 참석하기도 했다. 원래는 3월 말에 출발할 예정이었지만 서양 선교사들이 강연회 통역을 위해 출발 연기를 요청하자 이를 받아들였는데 그것도 망명 의도를 드러내지 않기 위해서였을 것이다. 이러한 김규식의 의도는 성공했다. 일제 경찰은 김규식의 망명을 미리 알지 못했고 따라서 아무런 조치도 취할 수 없었다.

망명 직전 새문안교회 신도들과의 전별식

하지만 언더우드는 김규식의 속마음을 눈치챈 것으로 보인다. 김규식보다 뒤늦게 중국행을 결심한 여운형이 기독교 계통의 난징 진링대학金陵大學에 입학하기 위해 언더우드에게 소개장을 부탁하자 언더우드는 "당신 같은 사람이 끝까지 신학을 연구할 것 같지는 않소. 조선의 우수한 청년들은 모두 정치적 지향성이 강하오. 나는 이와 같은 말을 김규식에게도 했는데 당신도 분명 정치 운동을 할 것"이라며 소개장을 써주었다고 한다. 언더우드는 김규식이 정치운동 곧 독립운동에 대해 강한 의지를 갖고 있었음을 간파한 것이다.

나라의 주권을 빼앗긴 식민지 청년 지식인으로서 독립운동에 나서는 것이 어쩌면 운명이었는지도 모른다. 김규식은 주어진 운명을 받아들여 독립운동을 위한 첫 걸음으로 중국으로 망명한 것이다.

이 무렵 독립운동의 뜻을 품고 중국으로 망명한 민족 지도자는 김규식 외에도 많이 있었다. 그러나 김규식처럼 기독교 신자에 미국 유학생 출신이라는 배경을 갖고도 중국으로 망명한 경우는 흔하지 않았다. 그렇다면 김규식은 왜 1913년이라는 시점에 중국으로 망명을 했을까? 김규식은 나중에 중국으로 망명할 당시의 심정을 "그놈의 왜놈들이 하도 못살게 굴어서 모든 것을 집어치우고 새로운 길을 개척해보기로 했다"고 밝혔다. 이 말에는 김규식으로 하여금 망명의 길에 오르게 되는 복합적인 동기가 잘 담겨 있다.

하나의 동기는 '왜놈들의' 핍박이었다. 일제는 식민 통치에 협력하면 그에 상응하는 보상을 하겠다고 회유했다. 김규식의 회고에 따르면 "동경외국어대학교 영어교수 자리와 함께 동경제국대학 동양학과 장학금을 주겠다는 총독의 제의"가 있었다고 한다. 나중에 김규식의 동서가 되는 서병호徐丙浩도 일제가 대학교수 자리를 내세워 김규식을 회유하려고 했다는 것을 증언했다. 김규식이 언급한 동경외국어대학교란 정확하게 말하면 도쿄외국어학교를 가리킨다. 이 학교는 일제의 식민 통치와 대외 정책에 종사하는 실무자를 육성하기 위해 설립된 관립 전문 학교였다. 이 학교에는 영어과가 개설되어 있었는데 일제는 교수 자리로 김규식을 회유하려고 한 것이다. 아울러 일제는 김규식의 학구열에 주목해 일본의 최고 대학인 도쿄제국대학에서 공부할 기회를 주겠다는 미끼도 던졌다. 당시 도쿄제국대학에는 동양학과라는 과가 없었기 때문에 김규식의 회고에 나오는 동양학과란 동양사학과일 것이다.

또 하나의 핍박은 김규식이 하고 있는 여러 활동에 대해 탄압을 가하는 것이었다. 이와 관련해 가장 많이 거론되는 것이 105인 사건이다.

105인 사건은 항일 세력을 탄압하기 위해 일제가 조작한 사건이었다. 탄압의 주요 대상 가운데 하나가 바로 기독교 세력이었다. 이때 김규식은 이미 국내 기독교 민족운동의 중요 인물 가운데 한 사람이었다. 기독교 탄압이 심해지는 상황에서 망명을 결심한 것은 전혀 이상한 일이 아니었다.

그런데 김규식에게는 105인 사건 못지않게 심각한 문제가 따로 있었다. 당시 일제는 YMCA 안에 친일 분자를 침투시켜 YMCA를 일본 기독교의 영향력 아래 두려고 획책했다. 김린金麟 등이 중심이 된 유신회維新會 사건이 바로 그것이다. 친일 기독교 세력은 유신회를 만들어 YMCA의 주도권을 장악하려고 했다. 반일 성향의 질레트P. L. Gillett를 비롯해 서양 선교사를 몰아내고 조선인에 의한 YMCA를 확립하자는 것이 친일 기독교 세력이 내세운 명분이었다. 그렇지만 이들의 속내는 YMCA를 일본 YMCA의 하부 조직으로 통합시킴으로써 YMCA의 반일 성향을 제거하려는 데 있었다. 여기에 선교 사업을 위해서는 조선총독부의 협조가 필요하다고 판단한 일부 서양 선교사도 동조했다.

김규식은 YMCA의 독자성을 유지하기 위해 끝까지 싸웠다. 그러나 YMCA는 1913년 4월 기존의 황성기독교청년회라는 이름을 조선중앙기독교청년회朝鮮中央基督敎靑年會로 바꾸고 일본 YMCA의 산하로 편입되었다. 일부 기독교계의 변질을 보면서 김규식은 결국 일제강점 아래 자신이 꿈꾸는 활동을 펴는 것은 이제 불가능하게 되었다고 판단했다. 실제로 김규식의 망명 직후 미국에서 발간되던 『국민보』에 "한국기독청년회가 일본기독청년회 동맹부에 가입하는 협약을 체결하였다가 ……

당시 청년회 중 의기남자로 지목하는 전 학감 김규식 씨는 또한 촉감의 한을 무한히 품고 인하여 해외로 나가매 현금의 해씨로 청년회 총무를 추천하여 다시 끌어들이기를 꾀하려 하나 한 번 뜻을 결단하고 떠난 바에는 용이히 그 발길을 돌이키기가 어려울지라"라는 기사가 실린 데서도 YMCA의 변질이 망명의 한 계기로 작용했음을 확인할 수 있다.

그러나 김규식이 망명을 결정하게 된 배경에 회유와 탄압이라는 소극적 동기만 있었던 것은 아니다. 일제의 핍박을 피해 개인의 안위와 자유를 지키려고 했다면 미국으로 가는 게 훨씬 나았겠지만 중국행을 선택한 데는 독립운동에 대한 굳은 의지가 반영되었다고 볼 수 있다. 김규식 스스로 "새로운 길을 개척"하기 위해 중국으로의 망명을 선택했다고 밝혔다. 여기서 '새로운 길'이란 바로 일제의 압제로부터 조국을 해방시키기 위한 적극적인 항일 투쟁의 길이었다.

중국 혁명에 직접 나서다

김규식 이전에 김필순과 이태준은 이미 중국으로 망명했다. 김필순은 동생 김순애와 함께 1911년 12월 31일 신의주를 거쳐 만주로 갔으며 이태준도 그 뒤를 따라 중국 망명길에 올랐다.

두 사람이 중국으로 망명한 데는 중국에서 진행되고 있던 신해혁명이 직접적인 영향을 미쳤다. 당시는 "서울의 중국인 상점에는 쑨원과 황싱의 사진이 걸리고 혁명이라는 새로운 음파音波가 뜻을 지닌 청년의 귀를 난타하는" 상황이었다. 그리하여 김필순과 이태준도 "이웃 대륙에서 혁명군의 소식이 천하에 진동하자 이에 감격되어 길을 떠나게" 된 것이다. 두 사람은 중국 혁명에 직접 참여하기 위해 의사라는 안정적인 자리를 기꺼이 버리고 망명을 선택했다. 특히 김필순은 중국 혁명에 위생대衛生隊로 참여할 계획이었다고 스스로 밝혔다. 물론 이들이 중국 혁명에 참여하려고 한 데는 중국 혁명 자체보다 더 큰 목적이 따로 있었다. 바로 중국 혁명이 성공하면 앞으로 중국을 기반으로 한 독립운동이 활발해질 것이라는 기대였다.

김규식도 마찬가지로 신해혁명의 성공에 자극을 받아 중국으로 망명했다. 실제로 중국에 망명하자마자 김규식이 찾아간 곳도 중국 혁명군의 근거지 가운데 하나이자 이태준이 의사로 근무하고 있던 난징이었다.

김규식이 망명했을 당시 중국 혁명은 크게 요동치고 있었다. 1911년의 신해혁명 곧 1차 혁명이 성공하면서 쑨원이 임시 총통으로 취임했지만 바로 공화정 실시를 조건으로 위안스카이袁世凱에게 총통 자리를 양보했다. 그러나 위안스카이는 혁명파와의 약속을 저버리고 공화정 대신에 황제 체제로의 복구를 획책했다. 이에 1913년 7월부터 혁명파는 위안스카이에 반대하는 토원운동討袁運動 곧 2차 혁명을 일으켰다.

김규식은 토원운동에 직접 참여했다. 이와 관련해서는 두 가지 기록이 있다. 하나는 렁주冷橘가 지휘하는 혁명군에 가담해 장쑤성 쉬저우徐州까지 진군했지만 위안스카이를 지지하는 군벌 장쉰張勳에게 패하면서 톈진天津으로 갔다는 기록이다. 다른 하나는 황싱을 중심으로 난징에 혁명 정부가 수립되자 중국인 의사 마오따위毛大衛와 함께 의료 구호대를 조직하고 안후이성安徽省 지역으로 출동했고 여기에는 난징에 유학하고 있던 한인 학생들도 동참했다는 기록이다. 두 기록에는 다소 차이가 있지만 김규식이 중국의 2차 혁명에 참여한 것은 사실로 보인다. 특히 중국 혁명에 위생대로 참여하겠다는 김필순의 구상과 김규식의 2차 혁명 의료 구호대 활동은 김규식의 망명이 동지들과의 긴밀한 협의 아래 진행되었음을 잘 보여준다.

김규식, 김필순, 이태준은 모두 앞으로 조국의 운명이 일본, 미국, 중국의 국제 관계에 의해 결정될 것으로 내다보았다. 특히 혁명파에 의한 중국 혁명의 성공 여부가 독립운동과 불가분의 관계에 있다고 본 것은 선견지명이었다. 김규식과 동지들은 시대의 흐름을 정확히 내다보고 있었던 것이다.

중국과 몽골에서의 독립전쟁 준비

토원운동이 실패로 돌아가자 김규식은 곧바로 상하이로 갔다. 1913년 8월 12일자로 미국의 안창호에게 상하이에 도착하자마자 청년 8명을 미국에 보내니 상륙 처리를 부탁한다고 쓴 것으로 보아 7월 말이나 8월 초에는 이미 상하이에 체류하고 있었을 것이다. 같은 편지에서 김규식은 기밀 사항이어서 내용을 밝힐 수는 없지만 모종의 임무를 수행하기 위해 8월 27일 무렵 몽골로 향할 것이라고 썼다. 보안을 위해서 동지인 안창호에게도 밝힐 수 없었던 임무는 몽골에서 독립 전쟁을 대비한 준비를 하는 것이었다.

제국주의의 식민지배를 받는 나라에서 반제운동의 가장 강력하고도 결정적인 수단은 무장투쟁 곧 독립전쟁이었다. 이 점을 일찍이 간파한 김규식은 중국 망명 직후에 이미 앞으로 있을 일제와의 전면적 무장투쟁을 준비하려 했고 가장 적합한 곳이 몽골이라고 본 것이다.

몽골은 중국 대륙의 내륙에 있어서 만주나 연해주에 비해 국내에서 멀리 떨어진데다가 교통도 불편했다. 한인사회가 발달하지 않아 사람을 모으고 안정적인 재정을 마련하기도 어려운 곳이었다. 그러나 한인의 이주와 재정지원만 이루어진다면 일제의 간섭이 미치지 않는 몽골의 광활한 초원이야말로 독립군 전사를 양성하는 데 가장 적합한 곳이기도 했다. 게다가 1911년에 독립을 선언한 몽골은 독립을 열망하는 한인에게 선망의 대상이었다.

그렇지만 실제로 김규식이 1913년 8월 말에 몽골로 갔는지는 확인되지 않는다. 김규식은 해방 뒤에 자신의 지지자 가운데 한 사람이던 김원용에게 자필 이력서를 준 적이 있는데 이 이력서에도 1913년의 몽골행에 대해 언급한 부분은 없다. 따라서 몽골에 간다는 계획은 바로 실행에 옮기지 못한 것으로 보인다.

그 대신에 김규식은 베이징, 상하이, 난징에서 먼저 나가 있던 여러 애국지사들과 접촉하면서 민족운동을 통일된 투쟁으로 만들기 위해 노력했다. 일본의 힘에 맞서 빼앗긴 주권을 되찾기 위해서는 항일에 나선 모든 세력을 하나로 결집하는 길밖에 없다는 것은 해방이 될 때까지 늘 갖고 있던 확고한 믿음이었다.

이 무렵 상하이의 대표적인 독립운동 단체는 신규식申圭植 등이 조직한 동제사同濟社였다. 동제사는 1912년 여름 상하이에서 출범했다. 동제

상하이 시절의 신채호, 신석우, 신규식

라는 말이 모두 한마음 한뜻으로 같은 배를 타고 반대편에 도달하자는 의미였는데 겉으로는 친목융화, 간난상구艱難相求를 표방했지만 실제로는 독립을 목표로 하는 비밀결사였다. 동제사의 회원은 일찍이 중국으로 망명한 애국지사 신규식, 문일평文一平, 박은식朴殷植, 신채호申采浩, 조소앙趙素昻, 홍명희洪命熹 등이었다. 토원혁명이 좌절한 이후 상하이에 온 김규식도 동제사에 가입했다. 김규식뿐만 아니라 멀리 만주에 있던 김필순도 동제사에 가입해 베이징에 있던 제2기관부의 간부로 활동했다.

　동제사 가입을 전후해 김규식은 상하이 박달학원의 교사를 맡았다. 이 학원은 상하이의 독립운동가들이 1914년 초에 세운 한인 청년 교육기관이었다. 당시 상하이에 몰려온 사람들 가운데는 독립운동을 하려는 망명객도 있었지만 해외 유학을 꿈꾸는 젊은이도 적지 않았다. 유학

조소앙

홍명희

박은식

을 목적으로 상하이로 온 젊은이들에게는 중국어와 영어가 필수적이었지만 대부분 국내에서 체계적인 어학 공부를 하지 않은 채 상하이에 왔기 때문에 외국의 학교에 입학하기에는 어학 능력이 부족한 경우가 많았다. 이러한 문제점을 해결하기 위해서는 중국이나 미국의 학교에 입학할 수 있도록 보충 교육을 시키는 교육기관이 필요했다. 이에 따라 신규식 등이 앞장서서 박달학원을 만든 것이다.

박달학원은 학생들을 영어반과 중국어반으로 나누어 어학 훈련을 시키는 한편 학생들이 민족의식을 갖도록 하기 위해 역사와 지리를 가르쳤다. 동제사 회원이기도 한 문일평, 박은식, 신채호, 조소앙, 홍명희 등과 함께 김규식도 박달학원의 교사가 되었다. 김규식과 함께 토원운동에 참여한 재미 화교 마오따위도 뜻을 같이 했다.

박달학원에서 배운 학생은 100여 명 정도였는데 그 가운데 일부는 근대 학문을 본격적으로 연구하려고 미국과 유럽으로 갔고 일부는 독립전쟁에 대비한 군사훈련을 받기 위해 동제사의 주선으로 중국의 여러 군관학교에 입학했다. 김규식은 박달학원에서 영어를 가르쳤고 미국 사정에 밝았기 때문에 미국으로 가는 학생들의 문제를 처리하는 데 주도적인 역할을 했을 것이다.

하지만 당시 김규식의 생활은 곤궁하기 짝이 없었다. 양식이 떨어져서 가끔 신규식에게 얻어먹은 일도 있었는데 그때 신규식은 좀 큰 집을 얻어 7~8명의 학생이 묵도록 했고, 영어강습소도 경영하고 있었다. 신채호와 김규식도 신규식의 집에 기거했다. 말하자면 신규식에게 얹혀살았던 것이다.

이때 김규식은 신채호의 개인 영어 교사 노릇을 하기도 했다. 그런데 발음에 신경을 쓰는 선생 김규식에 대해 해석만 할 줄 알면 된다는 학생 신채호가 반발해 수업 시간에 자주 다투었다고 한다. 결국 신채호가 김규식에게 배우는 것을 포기하고 이광수에게 영어를 배웠다는 일화는 김규식의 성격을 잘 보여준다.

문일평

조성환

김규식은 동제사와 박달학원에서 신규식, 박은식, 신채호, 조소앙, 문일평, 홍명희, 조성환曺成煥 등을 만나며 민족의식이 더 강해졌다. 그렇지만 상하이에서의 활동에 만족할 수 없었다. 처음 중국에 올 때 구상한 무장투쟁의 준비가 제대로 진행되지 않았기 때문이다. 1914년 3월에 베이징에서 안창호에게 보낸 편지에 김규식은 계획한 일이 시기하는 무리의 방해로 차질을 빚고 있다면서 4~5개월 동안 무료하게 지내고 있는 데 대한 비감한 심정을 적고 있다. 계획한 일이란 몽골에서의 무장투쟁 준비였을 것이고 차질은 자금 문제를 가리키는 것으로 보인다. 자필이력서에 "제1차 세계대전 발발 당시에는 변장을 하고 안동현까지 간 후 압록강을 건너 의주에 자금을 모집했으나 실패했음"이라고 적은 데서도 이러한 정황을 짐작할 수 있다. 제1차 세계대전이 발발한 것은 1914년 7월이었으니 이 무렵 김규식은 체포될 위험을 무릅쓰고 국내에 들어가 직접 자금을 모집할 정도로 몽골에서의 활동에 온힘을 쏟고 있었다. 안창호에게 편지로 심정을 토로한 것을 보면 김규식이 몽골 행을 추진한 것은 안창호와도 관련되었을 것이다.

김규식이 몽골에 간 것은 1914년 가을이었다. 자필 이력서에 따르면 "가을[1914]에는 유동열柳東說 장군(당시 소령), 이태준 박사 및 젊은 학생들과 함께 독립군 또는 게릴라 부대의 미래 장교를 양성할 초보적인 군사학교를 운영할 목적으로 외몽골 우르가庫倫로 갔다"고 한다. 몽골에서 독립전쟁을 준비하겠다는 생각을 한 지 1년도 더 지나 비로소 몽골에 갈 수 있었으니 김규식으로서는 남다른 감회를 느꼈을 것이다.

김규식의 몽골 행에 관해서는 같이 간 사람들의 면면을 통해 군사학교 운영 계획의 일부만 파악할 수 있다. 유동열은 대한제국 무관 출신의 군인으로 군사학교가 만들어지면 교장을 맡을 만한 인물이었다. 1913년 말 당시 최대의 비밀결사이던 신민회의 조직을 재정비하기 위해 만주 무링穆陵에서 이갑, 유동열, 이동휘李東輝 등이 만나 국민 개병주

이갑　　　　　　　　유동열　　　　　　　　이동휘

　의에 입각한 사관학교 수립 문제를 논의한 적이 있는데 이때 유동열은 사관학교 설립 후보지로 만주를 주장하던 다른 사람들과는 달리 '몽골 경영'을 고집했다. 김규식과 어떻게 연결되었는지는 알 수 없지만 유동열의 '몽골 경영'이 김규식과 연관된 것만은 분명해 보인다.
　이태준은 망명 전부터 김규식과 뜻을 같이 했기 때문에 김규식의 몽골 행에 다른 동지들도 일정 부분 관여하고 있었다고 보아도 좋을 것이다. 실제로 김필순은 당시 가장 이름 있던 독립군 간부 양성기관인 신흥무관학교 소재지 지린성吉林省 통화현通化縣에서 병원을 개업했다가 1916년에는 북만주의 치치하얼齊齊哈爾로 옮겨 이상촌을 세워 독립군 기지로 활용하려는 계획을 실행에 옮기고 있었다. 김필순의 이상촌 운동과 김규식의 사관학교 설립 계획은 서로 관련되어 있었을 것이다.
　한편 김규식이 말한 젊은 학생 가운데는 서왈보徐曰甫라는 청년도 포함되어 있었다. 서왈보는 나중에 김규식과 함께 국민대표회에서 창조

몽고에서의 김규식 가족(왼쪽부터 김규식, 차남 김진동, 사촌누이 김은식)

파로 활동하고 중국 국민당정부의 바오딩保定군관학교를 거쳐 베이징항공학교를 졸업한 뒤 비행사로 활동하던 중에 사고로 죽은 애국청년이었다.

이처럼 동행한 인물들을 살펴보더라도 김규식의 군사학교 설립 계획은 상당히 구체적인 내용을 갖추고 있었음을 알 수 있다. 그렇지만 해방 뒤 김규식이 미국 기자 마크 게인Mark Gein에게 밝혔듯이 국내의 지하 조직에서 약속한 자금이 도착하지 않아 몽골에서의 활동은 기대했던 성과를 거두지 못한 채 막을 내리게 되었다.

몽골에서의 무장 투쟁 준비 구상이 실패로 돌아간 뒤 김규식은 몽골, 장자커우張家口, 베이징, 톈진, 상하이를 오고가면서 다양한 일에 종사했다. 몽골의 우르가(지금의 울란바토르)에서는 러시아 상업학교에서 학생들을 가르치고 러시아인들에게 영어 개인교수를 하는가 하면 미국인과 스칸디나비아 사람들이 만든 몽골물산회사라는 무역상사에서 회계 겸 비서로도 일했다. 1916년에는 미국·스칸디나비아계의 마이어Myer회사 장자거우지점 부지배인으로 입사했고 1918년에는 우르가지점의 지배인이 되었다. 그 뒤 톈진으로 돌아가 미국계의 퍼언 다니엘Fearon Daniel 회사 수입부에 입사해 중국 각지에 델코 전구를 판매하는 일을 했다.

장자커우에 있을 때는 서울에 남겨놓고 온 부인과 아들을 불러 잠깐 동안이지만 가족과 함께 생활하는 작은 즐거움도 누렸다. 그러나 부인은 당시로서는 불치병이던 폐결핵에 걸려 1917년 세상을 떠났다. 그러자 김규식은 국내에 있던 육촌 여동생인 김은식金恩植을 불러 아들의 양육을 맡기고 자신은 사업에 몰두했다. 얼마 뒤 김은식이 이태준과 결혼했기 때문에 김규식과 이태준은 동지이자 인척이 되었다.

김규식이 장자커우에 머물고 있는 동안 국제 정세는 급변했다. 1917년 2월 러시아 혁명이 일어났고 4월에는 미국이 독일에 선전 포고를 함으로써 독일에 유리하던 제1차 세계대전의 전세는 연합국 쪽으로 기울기 시작했다. 중국에서는 1916년 위안스카이 정권이 무너진 뒤 쑨원을 중심으로 한 혁명파가 광둥성廣東省 광저우廣州에 호법정부護法政府를 수립하고 연합국에 합세했다. 이처럼 국제 정세가 소용돌이치는 상황에서 독립운동계는 기존의 독립운동 전략을 수정하는 등 새로운 활로를 모색하기 시작했다. 대표적인 보기가 1917년에 발표된 '대동단결선언'이다.

이 선언은 1917년 7월에 발표되었다. 김규식도 신규식, 조소앙, 홍명희, 박은식, 신채호, 조성환, 신석우申錫雨, 박용만朴容萬, 한진교韓鎭敎, 윤세복尹世復 등과 함께 서명했다. 14명의 서명자 가운데는 동제사 회원이 8명이나 되어 이 선언이 나오는 데 동제사 회원들이 중심이 되었음을 알 수 있다. 동제사가 독립운동가들이 결집할 수 있는 틀이 되고 연결고리가 된 것이다. 이 선언은 앞으로 세울 나라가 국민이 주인이 되는 민주국가요, 의회를 중심으로 움직이는 공화정부라는 것을 강조했다. 대한제국의 황제가 국가의 주권을 지키지 못하고 일제에게 빼앗긴 순간 주권은 국민에게 넘어갔고 조국이 해방될 때까지 나라를 되찾기 위해 몸을 던진 독립운동가들이 주권을 대신 행사한다는 것이었다. 이 선언에 참여한 14명의 독립운동가들은 내외 상황의 변화를 포함해 새로운 독립운동의 활로를 개척하기 위해 민족 대회의를 소집한 뒤 임시 정부를 수립하자는 결론을 내렸다. 이제 임시정부라는 형태로 독립운동의 힘을 모으자는 논의가 본격화되기 시작한 것이다.

　김규식은 사업으로 분주한 것 같으면서도 대동단결선언에 참여한 데서도 알 수 있듯이 독립운동 진영과 계속 연락을 유지하고 있었다. 1918년 7월 12일자로 미국인 친구에게 보낸 편지에서 만주에 가서 땅을 개척하고 목장을 시작할 계획이라고 밝힌 것도 동지인 김필순이 같은 무렵 북만주에서 독립군 기지 운동의 일환으로 농장을 개척하려고 했다는 사실을 감안할 때 김규식의 독립운동 방략과 무관하지 않아 보인다. 김규식이 말한 목장은 단순한 목장이 아니라 독립운동에 필요한 물질적 토대를 마련하려던 것이었다. 김규식이 파리강화회의에 참석하고 있던 1919년 상하이에 보낸 편지에서 몽골의 이태준에게 활동비 2,000달러를 보내달라고 한 데서도 알 수 있듯이 독립전쟁의 준비라는 김규식의 꿈은 계속 이어지고 있었다.

해외에서의 열정적인 독립운동 04

파리강화회의의 한국 대표

제1차 세계대전이 연합국의 승리로 끝나면서 국제 정세는 요동치기 시작했다. 특히 미국의 윌슨Woodrow Wilson 대통령이 주창한 민족자결론이 식민지 지식인들에게 큰 반향을 불러일으켰다. 상하이를 비롯한 중국 관내의 독립운동 진영도 전후 문제를 처리하기 위해 열리는 파리강화회의에 기대를 갖게 되었다.

윌슨의 민족자결론이 1919년 1월부터 열릴 파리강화회의에 상정된다는 소식이 상하이에 전해진 것은 1918년 말이었다. 여운형, 서병호, 한진교, 장덕수張德秀, 김철金澈, 선우혁鮮于爀, 조동호趙東祜 등은 강화회의에 대한 대책을 협의한 끝에 신한청년당新韓靑年黨이라는 결사를 만든 뒤 당의 대표를 파리에 보내기로 결정했다. 파리에 파견되는 대표의 역할은 연합국 대표들을 비롯해 여러 나라의 대표들이 모이는 강화회의를 계기로 일제의 엄혹한 식민지배의 실상을 폭로하고 한국독립을 온 세계에 널리 선전하는 데 있었다.

가장 시급한 문제는 대표를 선정하는 것이었다. 상당한 재산가였던 신석우와 외국어에 능통한 김규식이 후보로 거론되고 결국 김규식이 대표로 선정되었다. 신한청년당은 서병호를 통해 톈진에 있던 김규식에게 바로 이 사실을 알리고 상하이로 올 것을 요청했다.

연락을 받은 김규식은 톈진을 떠나 우선 난징으로 갔다. 난징에서 학교에 다니고 있던 김순애를 만나 결혼 문제를 매듭짓기 위해서였다. 일찍이 혼담이 오고간 적이 있던 김순애는 오빠인 김필순과 김규식이 중국으로 망명한 뒤 두 사람 사이의 연락을 담당하고 있었기 때문에 김규식의 사정을 너무나 잘 알고 있었다. 두 사람의 결혼식은 난징의 어느 선교사 집에서 서너 명의 증인 앞에서 혼인 서약을 하고 한 장의 기념사진을 찍는 간단한 의식으로 치러졌다.

김규식은 결혼식을 올린 그날 자신에게 맡겨진 임무를 위해 상하이로 가서 신한청년당에 정식으로 가입했다. 신한청년당 당원들은 한국 민족의 주장을 어떻게 하면 효과적으로 온 세계에 알릴 것인지를 논의했다. 김규식은 자신이 강화회의에서 일제의 학정을 폭로하고 한국독립을 선전하는 동안에 국내를 비롯해 일본, 만주, 노령 등지에 사람을 보내 독립선언을 하고 대중 시위운동을 벌이는 양면 활동을 전개하자고 건의했다. 신한청년당은 김규식의 의견을 정식 당론으로 채택했다. 그 사이에 김순애도 난징을 떠나 상하이로 왔다. 김규식과 김순애는 신혼의 단꿈을 뒤로 미루고 김규식이 파리로 출발할 때까지 매일 밤을 꼬박 새워가면서 외교 특사로서의 활동을 준비했다.

그런데 김규식이 파리로 가는 데는 몇 가지 문제가 있었다. 일제의 감시를 피해 여권도 마련해야 하고 최소한의 경비도 마련해야 했다. 여권 문제를 해결하는 데는 쑨원의 도움이 컸다. 쑨원의 지시에 따라 당시 호법정부의 외교를 책임지고 있던 탕샤오이(唐紹儀), 쉬첸(徐謙)은 물론 호법정부 대표로 파리에 파견되는 천유런(陳友仁), 우차오슈(伍朝樞)가 나서서 김규식의 여권 문제를 해결해주었다. 김규식은 중국에 귀화한 한인 김중문으로 위장해 여권을 만들었다. 경비문제는 신한청년당 당원들이 나섰다. 장덕수와 김철 등이 국내에서 모금을 했고 여운형은 만주와 연해주의 동포들로부터 경비를 모았다. 신석우도 경비를 지원했고 김규식도 몽골과 장자커우에서 사업을 하면서 모은 개인 재산을 보탰다. 나중에 일제 경찰에 체포된 여운형은 김규식을 대표로 파견하면서 여비와 사업비로 일본 돈 5만 엔에 해당하는 경비가 들었다고 진술했다.

이제 파리로 출발하기만 하면 되는데 교통편을 마련하는 문제가 남아 있었다. 대륙을 건너는 육로는 멀고 험한데다가 시베리아 일대에서 전쟁이 계속되고 있었기 때문에 안전을 보장할 수 없었다. 배로 남중국해를 지나 인도양을 건너는 길이 유일한 방법이었는데 배가 자주 있지 않아서 배표를 구하는 게 어려웠다. 실제로 파리행 선편은 3월까지 만석이었다. 이때 파리강화회담 중국 대표단의 여성 수행원 정유슈(鄭毓秀)가 배표를 양보해 김규식은 2월 1일에야 프랑스 우편선으로 힘들게 상하이를 출발할 수 있었다. 김규식이 파리로 가는 동안에 김규식이 말한 독립선언과 대중 시위를 조직하기 위해 김순애를 비롯해 김철, 서병호 등은 국내로, 장덕수는 국내와 일본으로, 여운형은 만주와 노령으로 잠입했다.

김규식이 파리에 도착한 것은 3월 13일이었다. 상하이를 출발한 지 한 달 반이나 지났고 강화회의는 벌써 시작되었다. 긴 여정으로 몸은 지쳤지만 김규식에게는 희망이 넘쳤다. 김규식에게는 상하이의 동지들과 함께 짠, "강화회의에 출석한 각국 대표들을 면접하고 한국에 대한 동정과 지지를 얻을 것. 파리에 비공식적으로 가 있는 유력한 인사들과 면접할 것. 일본 무단 통치하의 한국의 정치·경제·교육 및 종교적 여러 가지 사정을 말할 것. 일본의 한국과 한국인에 대한 야욕을 폭로할 것. 일본의 몽골·시베리아·산동山東·양자강 지역·복건福建·태국·필리핀·남해 및 인도에 대한 야욕을 폭로할 것. 한국은 극동 문제를 해결하는 데 열쇠와 같은 중요한 위치에 있다는 것을 역사적·지리적 및 전략적 이유를 들어 설명할 것" 등의 12개 항목에 걸친 활동 계획이 있었다.

파리에 도착하자마자 김규식은 평화회의 한국대표관(이하 한국대표관)을 설치하고 통신국을 병설해 정력적인 활동을 벌였다. 그 과정에서 몇몇 중국인의 도움을 받기는 했지만 모든 일을 혼자 처리하는 것은 처음부터 무리였다. 그래서 곁에서 도와줄 사람들을 부르기로 했다. 처음에는 영국 유학 중이던 장택상張澤相을 염두에 두고 연락을 취했지만 장택상은 아무런 반응을 보이지 않았다. 그러다가 '운이 좋게' 스위스 취리히 대학에 다니고 있던 이관용李灌鎔과 연락이 되어 급히 오게 했다. 김규식의 급전을 받은 이관용은 졸업 시험을 앞두고 있었음에도 불구하고 파리로 달려왔다. 이관용에 이어 5월 초에는 상하이에서 김탕金湯이 왔고 6월 초에는 제1차 세계대전에 미군으로 자원 입대해 유럽 전선에 출

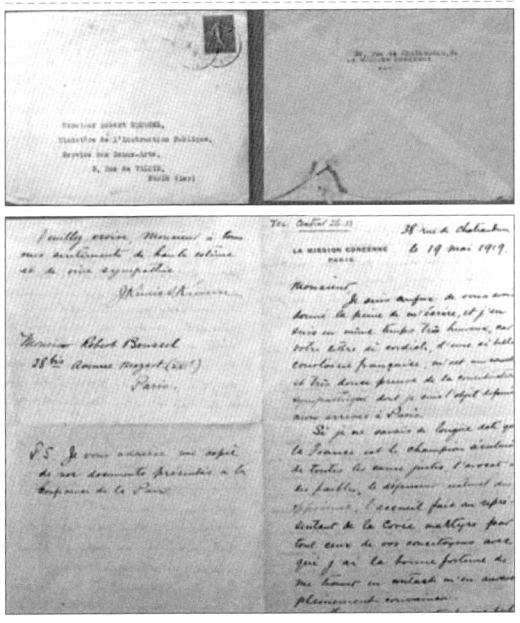

파리 체류 당시 김규식이 쓴 편지

정했다가 독일에 머물고 있던 황기환黃玘煥이 왔다. 김규식은 황기환을 파리 한국대표관 서기장에 임명했다.

이어 상하이에서 조소앙趙素昻이 왔고 7월 초에는 여운형의 동생인 여운홍呂運弘도 합류했다. 조소앙과 여운홍을 파견한 것은 1919년 4월 13일 상하이에서 출범한 대한민국임시정부(이하 임정)였다. 임정은 출범 직후 김규식을 외무총장으로 선임하는 한편 파리강화회의 대표로 추천했다. 미주의 대한국민회도 김규식을 대표로 위임했다. 이로써 한국대표관은 일정한 체제를 갖추게 되었다.

통신국은 1919년 4월 10일자로 일종의 회보인 『통신전通信箋』 제1호를 등사물로 만들어 배포했다. 이 회보에는 3·1운동이 일어났다는 감격적인 소식이 실렸다. 김규식은 1919년 5월 말까지 『통신전』을 여덟 차례 발간했다. 『통신전』은 강화회의에 참석한 각국 대표, 프랑스 정부의 각 부서, 파리에 있는 각국 공관과 언론기관, 그밖에 영향력 있다고 판단된 정치인·지식인·문인에게 발송되었다.

『통신전』과는 별도로 4월에는 탄원서를 포함한 「한국 민족의 주장」을 만들었다. 김규식은 이 문건에서 자신이 신한청년당 대표, (미주)대한국민회 대표, 대한민국임시정부 대표이자 한국 국내, 중국, 시베리아, 하와이 군도, 미국 및 기타 지역에 거주하는 1,870만 한국인, 그리고 한국인으로 러시아에 가담해 유럽의 동부 전선에서 연합국을 위해 싸운 한국인의 대표라는 사실을 당당하게 밝혔다.

「한국 민족의 주장」에서 김규식은 한국이 일제로부터 어떻게 침략을 당했으며 가혹한 지배를 받고 있는지, 그리고 한국인의 독립 의지가 얼마나 확고한지를 역사적 근거와 통계 자료를 들어 논리적으로 설명했다. 특히 대학 시절부터 강조했고 신한청년당과 함께 만든 활동 계획에도 들어 있는 것처럼 미국, 중국, 러시아, 유럽에 대한 일제의 위협과 관련해 한국이 지정학적으로 얼마나 중요하며 왜 한국을 독립시켜야 하는지도 역설했다.

탄원서에서는 한국 민족이 4,200년의 역사를 갖고 있으며 한국이 주권 국가라는 것은 1876년 일본과 수호조약을 맺은 이래 여러 나라가 조약으로 인정했다는 것이 강조되었다. 아울러 국제법에 따라 한국의 주

파리강화회의 참석시 김규식

권을 어느 한 나라가 일방적으로 처리할 수 없는데도 일본이 침략했으므로 한국인의 독립 요구 주장은 정당하다는 주장이 조리 있게 담겨 있었다.

이어 김규식은 『한국의 독립과 평화』라는 35쪽짜리 책자를 만들었다. 이 책자는 「한국 민족의 주장」에서 간단히 언급했던 문제를 더욱 자세히 기술한 것이었다. 개항 후 유럽 여러 나라와 미국, 일본, 중국 등이 한국과 체결한 조약을 분석해 이들 나라가 한국에 대해 보증하고 약속했던 사항을 상기시키는 것이 주된 내용이었다. 일제 침략이 얼마나 부당하며 일제가 어느 정도 한국인에게 학정을 실시하고 있는지도 구체적인 사실을 들어 알기 쉽게 설명했다.

김규식은 파리에 머물고 있는 동안 파리강화회의 의장이자 프랑스

수상인 클레망소Georges Clemenceau, 미국의 윌슨 대통령, 영국의 조지David Lloyd George 수상을 비롯해 강화회의에 참가한 각국 대표, 프랑스의 유력자, 그리고 주요 언론 기관을 대상으로 일제 식민 지배의 실상과 한국인의 독립의지를 알리는 광범위한 선전 활동을 전개했다. 김규식은 회의의 발언권을 얻으려고 노력했지만 본회의에 진정서를 제출할 기회조차 얻지 못했다. 그래도 일본을 제외한 각국 대표의 숙소를 찾아다니며 우리의 국내 사정과 독립운동 상황을 설명하고 한국인의 독립의지에 대한 지지를 호소했다.

김규식이 쓴 편지만 해도 수십 통에 이르렀다. 그러나 김규식의 열정적인 편지에 대한 답은 대부분 편지를 잘 받았다는 식의 의례적인 인사에 그쳤다. 한국의 독립운동을 심정적으로나마 지지하겠다는 뜻을 밝힌 경우도 별로 없었다. 오히려 "조선 사람이 독립운동을 하면서 어찌하여 위임 통치 청원자 이승만을 대통령에 임명하였느냐" 하는 각국 인사의 조롱을 받기도 했다.

물론 일제의 방해 책동도 있었으나 김규식의 활동을 방해한 것은 일제만이 아니었다. 강화회의의 의장국인 프랑스는 김규식을 불순 분자로 간주했다. 실제로 프랑스 외무부장관은 3월과 4월 두 차례에 걸쳐 내무부장관에게 김규식에 대한 사찰을 요구했다. 이에 따라 내무부장관은 치안총국장에게 김규식의 행동을 밀착 감시하라고 지시했다. 실제로 프랑스 경찰은 김규식이 살고 있는 곳에 가서 정보를 수집했다. 프랑스는 한국의 독립 문제에 관심을 가지지 않았을 뿐만 아니라 오히려 프랑스 영토 안에서 벌어지는 한인의 독립운동을 불온하게 여기고 있었던 것이다.

파리강화회의를 지배한 것은 여전히 약육강식의 제국주의 논리였다. 윌슨이 제창한 민족자결론은 화려한 치장과는 상관없이 패전국 독일의 식민지였던 동유럽 민족에게나 적용되었다. 결국 김규식으로서는 국제질서의 냉엄한 현실에 눈을 뜰 수밖에 없었다. 파리강화회의는 미국을 비롯한 서구 열강이 말하는 정의와 인도라는 것이 얼마나 기만적인지를 절감하는 계기가 되었다.

그렇지만 김규식은 마지막까지도 한 가닥 희망의 끈을 놓지 못하고 미국행을 결심했다. 미국에 가서 미국 정부는 물론 미국인을 상대로 한국의 독립의지를 다시 밝히려고 한 것이다. 여기에는 윌슨의 주장에 따라 출범하게 될 국제연맹에 대한 기대도 담겨 있었다. 김규식은 미국의 워싱턴에서 국제연맹 회의가 열린다는 소식을 듣고 1919년 5월부터 미국행을 추진했다. 미국의 이승만에게 "만약 소문처럼 국제연맹의 첫 위원회가 9월에 워싱턴에 개최된다면, 최소한 잠시 미국으로 건너가 그곳에서 박사와 합류하여 우리의 주장을 개진할 수 있기를 바라고 있습니다"라는 편지를 보낸 것도 이때였다. 김규식은 원래 국제연맹 회의가 열리기 직전인 1919년 8월 말이나 9월 초에 미국으로 출발할 예정이었다. 그런데 미국으로부터 김규식이 빨리 미국에 오는 것이 좋겠다는 '긴급 요청'이 왔다. 이에 김규식은 파리의 일을 이관용과 황기환에게 맡기고 여운홍, 김탕과 함께 1919년 8월 9일 뉴욕으로 갔다.

미국에서의 독립자금 모금 활동

김규식이 파리에서 외교활동을 벌이는 동안 독립운동에서 큰 의미를 갖는 일이 일어났다. 상하이에서 임정이 출범한 것이다. 3·1운동을 계기로 독립운동을 더 효율적으로 전개하기 위해서는 정부 형태의 조직이 필요하다는 인식이 널리 확산되었다. 그러면서 임시적 성격을 갖는 몇 개의 정부가 등장했다. 바로 노령의 대한국민의회, 국내의 한성정부와 신한민국정부, 상하이의 임정 등이다. 그리고 곧바로 각 정부를 통합하려는 움직임이 나타났다. 그 결과 한성정부의 이승만과 노령의 이동휘가 임정의 대통령과 국무총리로 선출됨으로써 1919년 9월 임정으로의 통합이 이루어지게 되었다. 이처럼 정부 수립 운동이 전개되는 와중에 김규식은 일약 독립운동 진영의 지도자급 인물로 떠올랐다. 당시 독립운동 진영이 외교 독립론을 중시했기 때문에 외교 활동가로서의 김규식이 더 돋보였을 것이다. 실제로 한성정부에서는 학무부 총장, 신한민국정부에서는 외교 차장으로 김규식의 이름이 올라 있었다. 임정에서는 한때 국무총리 후보로까지 거론되었지만 최종적으로 외무총장에 선임되었다.

애초에 김규식은 미국과 국제연맹을 상대로 한 외교 활동이 마무리되면 1919년 9월 말이나 10월 초에 미국을 떠날 것으로 생각했다. 그러나 1919년 8월 22일 뉴욕에 도착한 김규식을 맞이한 이승만은 생각이 달랐다. 당시 이승만은 임정의 국무총리로 선임되었지만 미국에서 대통령을 자처하고 있었다. 임정이 공식적으로 이승만을 대통령으로 추인한 것은 1919년 9월 11일이었다. 그런데도 이승만은 1919년 4월 말부터 임의로 정부 대표 사무소를 설치했다. 그러고는 김규식이 미국에 도착한 것을 기회로 임시 사무소를 구미위원부로 개편하고 김규식을 위원장으로 임명했다.

이승만의 최대 관심사는 후원금 모금에 있었다. 김규식은 파리에서 결실을 맺지 못한 외교 선전 활동을 마무리하기 위해 미국에 갔지만 이승만은 외교 선전 활동은 자신의 몫이고 김규식에게는 재미 동포들에게 공채표를 팔아 후원금을

구미위원부 시절 김규식(오른쪽)과 이승만

거두는 선전원 정도의 역할만을 원했다. 김규식에게 구미위원부 위원장 자리를 맡긴 데도 이승만 특유의 정치적 계산이 깔려 있었다. 당시 미국의 동포 사회는 이승만파와 안창호파로 나뉘어 있었다. 이승만은 안창호와 가까운 김규식을 내세워 안창호를 지지하는 동포들로부터도 후원금을 모으겠다는 속내를 갖고 김규식에게 구미위원부를 맡긴 것이다. 물론 김규식에게 전권을 주려는 생각은 추호도 없었다. 김규식에게 모든 것을 보고하고 승인받도록 요구하면서 중요한 일을 결정할 때는 김규식의 의견을 물어보지도 않았다.

기독교 신자에다가 미국 유학생 출신이라는 같은 배경에도 불구하고 김규식과 이승만은 생각하는 바가 너무 달랐다. 두 사람이 서로 다른 길

을 걷게 되는 하나의 계기는 이승만의 위임 통치 청원이었다. 미국에 망명한 뒤 이렇다 할 움직임을 보이지 않고 있던 이승만은 제1차 세계대전이 끝나고 민족자결주의의 물결이 높아지는 데 고무되어 1919년 3월 초 윌슨 대통령에게 위임 통치를 청원했다. 그 내용은 "당분간은 한국을 국제연맹 통치 밑에 둘 것"을 바란다는 것이었다. 말이 위임 통치이지 일본의 식민지에서 미국이 관리하는 점령지로 바꾸자는 것이었다.

당연히 격렬한 논쟁이 일어났다. 그 결과 독립운동 진영 안에서는 1919년 9월 임정 대통령으로 선출된 이승만에 대한 비판 분위기가 고조되었다. 대부분의 독립운동가가 이승만의 위임 통치 청원에 비판적이었다. 신채호는 "미국에 위임 통치를 청원한 이승만은 이완용李完用이나 송병준宋秉畯보다 더 큰 역적이오. 이완용은 있는 나라를 팔아먹었지만 이승만은 아직 나라를 찾기도 전에 팔아먹으려 하지 않소"라고 비판했다. 신채호, 서왈보, 김원봉金元鳳, 이극로李克魯, 장건상張健相 등 54명의 연명으로 1921년 4월에 발표된 '위임 통치 청원 성토문'에서는 즉각 독립을 부정하고 위임 통치 청원을 한 자를 "합병 적괴賊魁의 이완용", "정합병政合倂론자인 송병준", "자치 운동자의 민원식閔元植"에 빗대 격렬하게 비난했다. 이완용과 송병준은 누구나 아는 대표적인 매국노였다. 민원식은 3·1운동 이후 급부상한 당대 최고의 친일파로 1921년 2월 16일 도쿄에서 양근환梁槿煥의 칼에 찔려 죽었다. 실제로 임정 기관지 『독립신문』1920년 2월 5일자에는 '칠가살七可殺' 곧 민족의 이름으로 죽여 마땅한 일곱 부류의 사람들이 기사화되었는데 그 가운데 하나인 '매국적' 항목에 거론된 5명의 친일파에는 이완용, 송병준과 함께 민원식도 포함되어 있었다. 결국 신채호 등은 위임 통치 청원을 주장한 사람은 독립운동가가 아니라 독립운동의 탈을 쓴 매국적이고 죽여도 좋은 자라고 본 것이다.

임정 국무총리이던 이동휘도 "대통령이 위임 통치를 청원하는 바람에 정부 대표로 가 있는 김규식 특사가 어려움을 겪고 있다. 위임 통치를 청원하려면 뭐 하러 파리까지 갔느냐?"고 비판의 대열에 합류했다. 이승만의 독선적 행동이 김규식의 외교 활동을 방해하는 결과를 낳았다고 비판한 대목이 눈길을 끈다. 구미위원부에서 잠깐 손을 잡았지만 김규식이 이승만과 다름을 예리하게 꿰뚫어 본 것이다. 즉각적인 독립을 지향하는 김규식으로서는 독립을 요구하는 것이 아니라 일본 대신 미국의 식민지가 되겠다는 위임 통치 청원을 받아들이기 어려웠을 것이다.

김규식과 이승만 사이에는 또 하나의 결정적인 차이가 있었다. 이승만은 미국에서 미국을 상대로 외교 활동을 하는 것을 가장 중요한 독립운동 노선이라고 여겼다. 다른 곳에서의 독립운동, 다른 노선의 독립운동을 이승만은 인정하지 않았다. 반면에 김규식은 미국만을 중시하지도 않았고 외교 운동에만 매달리지도 않았다. 처음 해외 망명을 결행할 때도 중국을 선택했고 망명하자마자 중국 혁명에 참여한 데 이어 몽골에 군사 학교를 세우려고 한 데서도 알 수 있듯이 김규식은 독립을 쟁취할 수 있는 마지막 수단은 대중의 군사 행동 곧 독립전쟁이라고 믿었다. 파리나 미국에서 외교 활동을 벌이다가 좌절한 뒤 김규식은 다시 초심으로 돌아가려고 했다.

1920년 8월에는 황기환에게 보낸 편지에서 "만주와 시베리아의 상황을 둘러보고 새로운 정보를 얻기 위해 가능한 한 극동으로 갈 수 있기를 희망"한다는 뜻을 밝혔고 이승만에게 보낸 편지에서는 "다른 분야에서 활동함으로써 동포와 조국을 위해 봉사할 수 있을지를 그리고 과격파와 더불어 몇 가지 일을 협상할 수 있을지를 고려하고 있습니다"라는 뜻을 밝혔다. 김규식이 이 무렵 스스로의 활동 무대를 더 이상 미국이 아니라 만주와 시베리아로 설정하고 있었다는 점이 눈길을 끈다. 김규식에 따르면 독립운동의 주된 현장은 청원 외교 활동을 벌이는 미국이나 유럽이 아니라 무장 투쟁이 벌어지고 있는 만주와 시베리아였던 것이다. 결국 외교 운동을 거쳐 다시 중국 망명 초기에 품었던 무장 투쟁 노선으로 돌아가고 있었음을 시사한다. 이는 이후 김규식의 외교 활동이 이전과 다른 점이기도 하다. 이전에는 단지 외교 활동을 위한 무대로 대중운동을 바라보았다면 이제는 외교와 무장 투쟁을 직접 결합시키는 인식의 발전을 보인 것이다.

 그리고 필요하다면 과격파와도 협상하겠다는 뜻을 밝혔는데 이는 몇 달 뒤 상하이로 돌아가고 나서 보인 행적과 관련해 눈길을 끈다. 당시 과격파란 러시아 혁명에 성공한 볼셰비키를 가리키는 말이었다. 파리강화회의에 참여했다가 민족 해방의 문제를 외면하는 서구 열강의 태도에 실망한 피압박 민족의 활동가들 가운데 일부는 식민지 해방 문제에 관심을 두는 소비에트 러시아에 희망을 가졌고 때로는 공산주의자가 되기도 했다. 제국주의 열강에 실망한 것은 김규식도 마찬가지였다. 파리강화회의에 이어 미국을 상대로 한 외교 활동은 아무런 성과도 거두지 못했다. 김규식으로서는 실망을 넘어서 분노를 느꼈을 것이고 자연적으로 '과격파' 곧 러시아 혁명을 성공시킨 볼셰비키들과도 손을 잡을 수 있다는 생각을 갖게 되었을 것이다.

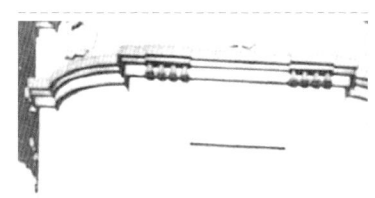

김규식은 구미위원부에서 같이 일하면서 이승만의 독선에 크게 실망했다. 김규식과 이승만은 구미위원부 운영을 둘러싸고 계속 대립했다. 특히 동포들로부터 모금한 돈을 임정에 보내는 문제를 두고 갈등이 심했다. 김규식은 이 돈을 상하이에 보내자고 주장했지만 이승만은 미국에서 자신이 써야 한다고 고집했다. 김규식이 1920년 초에 이승만에게 보낸 편지에서

외교활동에 진력하던 김규식, 이승만, 송헌주

"더욱이 일을 처리하는 박사의 모든 방법과 방식을 맹목적으로 추종할 수 없다고 솔직하게 말씀드리지 않을 수 없습니다"라고 밝힌 데서도 알 수 있듯이 이승만과의 결별은 시간 문제였다. 김규식은 1920년 1월 상하이로 돌아가기로 마음먹었다.

그러나 당장 미국을 떠나기는 힘들었다. 임정을 위해 모금을 해야 한다는 사명감이 상하이행을 주저하게 만들었다. 이미 이승만의 성격을 파악한 김규식은 자신이 미국을 떠나면 이승만이 모금한 돈을 어떻게 쓸지 충분히 예견하고 있었을 것이다.

'건강상의 문제'도 김규식의 발목을 붙잡았다. 병약한 몸으로 파리에서 다섯 달 동안 격무에 시달렸기 때문에 미국에 도착했을 때 이미 김

규식의 건강은 좋지 않은 상태였다. 그런데도 미국 순회 활동을 계속한데다가 이승만과의 갈등이 거듭되면서 건강은 더 나빠졌다. 급기야 1920년 3월 16일에는 건강상의 이유를 내세워 '몇 달 동안의 휴가'를 요청할 정도였다.

게다가 이승만의 만류도 일정하게 작용했다. 미국에서 김규식을 최대한 활용하겠다는 생각을 갖고 있던 이승만이 김규식의 사임을 쉽게 허락할 리 없었다.

김규식은 1920년 3월 뇌수술을 받았다. 파리에 있을 때부터 심한 두통으로 고통을 겪고 있었는데 미국에서는 증상이 더 심해졌다. 여행을 하는 것은 물론이고 일상생활도 제대로 할 수 없을 정도였다. 이에 휴가를 이용해 병원에서 진단을 받은 결과 뇌종양으로 밝혀져 두개골의 전면 좌측을 파헤치는 대수술을 받았다. 종양을 제거하는 수술은 일단 잘 끝났지만 후유증이 남았다. 평생 간질병을 앓게 된 것이다. 수술 부위에 혹도 생겼다. 사람들은 이 혹이 독립운동을 하다가 생긴 것이라고 해서 '독립혹'이라고 불렀다. 수술을 담당한 의사는 1년의 정양이 필요하다고 했지만 퇴원 3주 뒤에 바로 미국 서부 순회 강연에 나섰다.

김규식이 건강을 추스르고 다시 업무에 복귀한 뒤에도 이승만과의 갈등은 계속되었다. 이승만이 자신의 측근 인물을 구미위원에 앉히기 위해 김규식의 대학 후배이자 재정 담당 구미위원이던 송헌주宋憲澍를 김규식과 상의도 하지 않고 해임하는 사건이 일어나면서 두 사람은 결국 결별의 수순을 밟게 되었다. 구미위원부의 책임자는 위원장인 자기라고 생각하는 김규식과 김규식이 자신의 지시 아래 활동해야만 한다고

구미위원부에서 발행한 10달러 독립공채

이시영

생각하는 이승만 사이에는 극복하기 힘든 인식의 차이가 있었다. 사적으로는 형님, 아우님 하는 사이였지만 공적인 일을 처리하는 데는 지나치게 아집에 사로잡혀 독선적인 행동을 한다는 것이 이승만에 대한 김규식의 최종 판단이었다.

이처럼 이승만과의 관계가 계속 나빠지고 있던 상황에서도 김규식은 독립운동 자금을 모으기 위해 그리고 독립운동의 필요성을 선전하기 위해 미국 전역을 돌아다녔다. 1919년 9월부터 이듬해 9월까지 만 1년 동안 서부를 중심으로 각지에서 순회 강연회를 강행하며 구미위원부 이름의 공채표를 판매했다. 그리고 모금한 돈 가운데 일부를 임정 재무총장 이시영李始榮에게 송금했다.

이제 자신이 해야 할 일은 일단 마쳤다고 생각한 김규식은 1920년 8월 7일 이승만에게 사임을 요구하는 청원서를 제출했다. 미국에서 청원 활동을 벌이는 것은 의미가 없다고 판단한 것이다. 김규식은 미국도 국제연맹도 더 이상 기대할 수 있는 대상이 아니라고 보았다. 김규식이 미국을 떠나겠다는 뜻을 밝히자 이승만은 갖은 이유를 내세워 김규식을 붙잡으려고 했다. 그렇지만 김규식은 미국에서는 물론이고 상하이에서도 독립운동 진영 안에 갈등이 일어나는 요인은 이승만의 처신에 있다면서 자신도 상하이에 돌아가 내분을 수습하는 데 노력하겠지만 궁극적으로는 이승만이 상하이로 가야 한다는 점을 역설했다.

대한민국임시정부의 단합을 위해

김규식은 1920년 10월 3일 워싱턴을 떠났다. 필라델피아, 샌프란시스코, 하와이, 호주를 경유하는 여정의 최종 목적지는 상하이였다. 상하이에서 임정으로의 통합 작업이 마무리되면서 1919년 9월 임정 각료가 개편되었는데 김규식은 학무총장에 임명되었다. 김규식이 상하이에 도착한 것은 1921년 초였다. 이승만도 따로 상하이에 왔다. 임정 요인들과 상하이의 한인들이 이승만과 김규식을 환영하는 모임을 열려고 하자 김규식은 허례를 피하자는 뜻에서 환영회를 사양했다. 이승만은 환영회를 받아들였는데 김규식이 거절한 것을 두고 논란이 일어나자 결국 1921년 1월 27일 열린 환영회에 참석했다.

 이날 김규식은 파리와 미국에서의 경험에 비추어 앞으로 독립운동이 나아갈 방향에 대해 "본래 우리 독립은 평화회의나 모종의 유력한 단체로서 승인을 하던지 첩지帖紙를 내어 주듯 할 것이 아니오. 우리의 최고 기관부터 각 단체 또는 전 민족의 합심과 준비 여하에 달렸나니, 이것이 있으면 우리에게 독립이 있고 그렇지 않으면 우리에게는 파멸이 있을 따름"이라는 취지의 소감을 밝혔다. 환영회 석상에서 김규식이 마지막으로 한 말은 "하나는 둘과 합하고 둘은 셋과 합하여 우리의 달達하고자 하는 목적을 속히 달하고 각각 쓴 굴레의 책임을 다 하기를 동력同力합시다"라는 것이었다. 이미 파리와 미국에 체류하고 있을 때 독립운동 진영의 갈등, 동포사회의 내분을 직·간접적으로 알고 있던 김규식으로서는 작은 차이는 덮어두고 독립이라는 큰 뜻을 이루기 위해 단결하는 것이 당면 과제라는 점을 피를 토하는 심정으로 이야기한 것이다.

실제로 이때 임정은 심각한 내분에 빠져 있었다. 김규식은 상하이에 도착한 뒤 사태를 파악하고 수습책으로 임정 제도 변경안을 제출했다. 김규식은 신규식, 안창호와 함께 제도 변경 기초위원이 되어 임정이 안고 있는 문제점을 해결하려고 고심했다. 김규식의 안은 대통령을 집정관 총재로 바꾸고 국무총리를 없애는 한편 국부局部의 직책을 조정해 총장은 부장으로 하고 차장, 국장, 참사, 서기를 부원이라는 하나의 명칭으로 통일하자는 것이었다. 이는 명망가들이 많이 모여 있는 임정 안에서 직책을 세분화함으로써 생긴 서열 차이에 따른 갈등을 해소하기 위한 것이었다.

그러나 임정의 내분은 단지 제도 문제에서만 비롯된 것이 아니었다. 내분의 한복판에는 대통령인 이승만이 있었다. 이미 위임 통치 청원 문제로 이승만은 많은 독립운동가로부터 지탄의 대상이 되었다. 대통령 이승만의 친미 외교 노선에 대해 소비에트 러시아와 무장 투쟁을 중시하는 국무총리 이동휘는 노골적으로 반발했다. 여기에 임정이 소재한 상하이에는 오지도 않고 미국에서 대통령 행세만 하면서 임정으로 와야 할 자금을 개인적으로 사용한다는 혐의도 받고 있었다. 이승만에 반대하는 목소리가 높았기 때문에 이승만을 그대로 두고서는 임정, 더 나아가서는 전체 독립운동 진영의 단결을 이야기하기 어려운 상황이 된 것이다.

이에 김규식은 임정의 내분을 해소하기 위해서는 이승만이 대통령에서 물러나야 한다는 입장을 취했다. 이승만을 반대하는 진영에 서서 이승만의 대통령직 사임을 요구한 것이다. 그러나 이승만에 대한 사임 요구는 받아들여지지 않았다. 그러자 김규식은 1921년 4월 임정 학무총장을 사임했다.

극동민족대회 한국 대표단을 이끌다

1921년 5월 10일자 일제의 정보 문서에는 김규식에 대해 "온건파라 할 수 있으며 외교적 방법을 택해 친러시아, 친미국, 친중국 쪽이며 그러면서도 부분적으로 폭동을 주장한다"고 기록하고 있다. 부분적으로 폭동을 주장한다는 표현은 김규식이 일찍이 몽골에서 군사 학교를 운영하려고 했던 것과 관계가 있을 것이다. 김규식이 외교 노선을 중시하면서 러시아, 미국, 중국에 모두 가까운 것으로 기록되어 있다는 사실에 주목할 필요가 있다. 특히 친러시아를 친미국보다 앞에 쓴 데서도 알 수 있듯이 일제도 김규식의 국제 정세 인식에 변화가 나타나 이제 미국보다는 소비에트 러시아에 기대하는 외교 활동을 벌이려고 한다는 사실을 정확하게 파악하고 있었다.

　김규식은 임정의 혼란과 분열을 수습하는 데 가장 중요한 것은 만주와 노령의 한인 독립운동 세력과 굳건하게 단결하는 일이라고 생각했다. 그리고 당시 소비에트 러시아와 코민테른의 지도 아래 민족 혁명을 일으켜야 한다고 주장하던 사회주의자들의 주장에도 귀를 기울이기 시작했다. 사회주의자들 가운데서도 처음에 김규식에게 큰 영향을 미친 사람은 여운형이었다.

　여운형은 김규식이 망명 이전 계몽운동과 기독교 민족운동을 벌일 때 가깝게 지내던 여병현의 집안 조카였다. 여병현은 여운형이 독립운동에 뜻을 두게 되는 데 큰 영향을 미친 인물이었으므로 김규식과 여운형은 망명 이전부터 서로 잘 알고 있었을 것이다. 게다가 김규식과 여운형은 동제사와 신한청년당에서도 같이 활동한 적이 있던 동지였다.

　1921년대 초 여운형은 이르쿠츠크파 고려공산당의 상하이 지역 책임자였다. 당시 사회주의 운동 안에서 이르쿠츠크파 고려공산당은 이동휘를 지도자로 하는 상해파 고려공산당과 치열하게 대립하고 있었다. 애초에 상해파가 독립이 될 때까지는 계급 혁명을 유보하고 민족 혁명을 추구해야 한다고 주장한 데 반해 이르쿠츠크파는 민족 혁명보다 계급 혁명을 더 중요하게 여겼다. 그 연장선상에서 상해파가 민족주의자들과의 연대에 적극적으로 나서고 임정에도 참여한 데 반해 이르쿠츠크파는 민족주의자들을 계급 혁명의 방해 요인으로 보고 임정도 부정했다.

　그런데 1921년 말 상황이 바뀌었다. 이르쿠츠크파도 민족 혁명을 인정하고 민족주의자들과의 연대를 모색하기 시작한 것이다. 김규식은 여운형을 통해 이르쿠츠크파의 노선 변화를 잘 알고 있었다. 그러던 중 김규식이 새로운 희망이라고 생각했던 소비에트 러시아의 이르쿠츠크에서 1921년 11월 동아시아 피압박 민족의 연대를 내걸고 극동민족대회가 열린다는 소식이 상하이에 전해졌다.

극동민족대회는 1921년 8월 동아시아와 태평양 지역에서의 제국주의 열강의 경쟁을 조정하기 위해 미국의 주도 아래 열릴 예정이던 워싱턴 회의에 맞서기 위해 코민테른이 계획한 것이었다. 원래는 동아시아 각국 공산당 및 민족 혁명 단체 대표자들의 연석 회의로 구상되었지만 흔히 극동민족대회로 알려져 있다.

이와 같이 워싱턴 회의와 극동민족대회라는 두 개의 국제적인 모임이 열리면서 독립운동 진영도 워싱턴으로 갈 것인지 소비에트 러시아로 갈 것인지를 둘러싸고 의견이 분분했다. 일각에서는 워싱턴 회의를 통해 일제가 타격을 입을 것이라고 기대를 걸었다. 그러나 극동민족대회가 독립운동에 유리한 분위기를 만들 것으로 기대하는 사람들도 많았다. 출신 배경으로 보면 미국통이라고 할 수 있는 김규식은 워싱턴 회의가 아니라 극동민족대회를 선택했다. 직접 극동민족대회에 참석하기로 한 것이다.

극동민족대회에는 한국, 중국, 일본, 몽골, 인도 등 9개 지역을 대표하는 150여 명이 참석했다. 이 가운데 한국 대표단의 수는 모두 56명으로 전체 출석자의 3분의 1 이상을 차지했다. 이는 그만큼 한국의 독립운동가들이 이 대회에 거는 기대가 컸음을 의미한다.

한국 대표단 가운데는 상하이에서 온 대표가 가장 많았다. 상하이에서 대회에 참가할 대표를 선정하는 작업은 이르쿠츠크 고려공산당에 의해 이루어졌다. 대회에 참가하기 위해서는 공신력 있는 단체로부터의 위임장이 필요했는데 김규식은 1919년 10월 27일자로 발부된 위임장을 이르쿠츠크파 고려공산당 중앙위원회로부터 받았다.

상하이에서 출석하는 대표들은 세 명이 한 조를 이루어 대회 개최지인 이르쿠츠크로 출발했다. 김규식은 여운형, 나용균羅容均과 함께 상하이를 출발한 뒤 힘든 여정 끝에 11월 말에야 이르쿠츠크에 도착할 수 있었다. 한때 이태준과 함께 군사학교 설립을 추진하던 몽골을 경유하는 여정이었다. 당시 상하이에서 이르쿠츠크에 가는 데는 기차를 이용하는 여정이 가장 간편했지만 언제 일제에게 발각될지 모를 위험이 있었다.

몽골 현지에 세워진 이태준 기념공원 비석

김규식은 두 차례에 걸쳐 기차 여행을 시도했지만 밀정의 감시에 위협을 느끼고 몽골을 경유하는 여정으로 바꾸었다. 일제에게 들킬 위험은 없었지만 몽골사막의 엄혹한 자연 환경을 이겨내야만 했다. 더욱이 몽골의 내정이 아직 안정되지 않았기 때문에 언제 반혁명파의 공격을 받을지 모르는 상황이었다. 사막에서 침낭을 깔고 야영을 하는 등 갖은 고생 끝에 몽골을 통과할 수 있었다. 김규식은 도중에 얼마 전에 몽골에서 사망한 이태준의 묘를 참배하기도 했다. 동지이자 인척인 이태준의 묘 앞에 선 김규식의 감회는 남달랐다.

극동민족대회가 열리기로 예정되어 있던 이르쿠츠크에 도착한 대표들은 조사표라는 신상명세서를 작성했다. 김규식이 제출한 조사표에는 출발지는 상하이, 파견 단체는 신한청년당, 생년월일은 1881년 1월 29일, 직업은 교육가, 교육 정도는 고등, 구사할 수 있는 외국어는 영어, 프랑스어, 독일어, 러시아어, 중국어, 일본어의 6개 국어로 적혀 있었다. 한국 대표 가운데 6개 국어를 구사하는 참석자는 김규식 외에는 없었다. 이로부터 당시 독립운동 진영에서 김규식이 차지하던 위상을 짐작할 수 있다. 국제 회의에서 여러 외국어에 능통하다는 사실 하나만으로도 김규식은 중요한 지위를 차지할 수 있었다. 그러나 그것보다 눈길을 끄는 것은 김규식이 스스로 공산 단체 소속란에 고려당 후보 곧 고려공산당 이르쿠츠크파의 후보 당원으로 적고 있었다는 사실이다.

현재로서는 김규식이 언제 무슨 동기에서 공산당에 입당했으며 거꾸로 언제 어떤 과정을 거쳐 공산당에서 나왔는지에 대해서는 알려진 바가 없다. 해방 이후 북한에 진주한 소련군 25군 정치 사령관이던 레베데프의 비망록에 따르면 1948년 4월 18일부터 30일까지 평양에서 열린 남북연석회의에 참석한 김규식은 "나는 한때 이르크츠크파에 가입했으나 제명당했다"고 발언했다고 한다. 역시 정확한 이유는 알 수 없지만 자발적으로 탈당한 것이 아니라 당에 의해 당원 자격을 박탈당한 것으로 보인다. 분명한 것은 극동민족대회 참석을 앞두고 김규식이 고려공산당에 가입했다는 사실이다. 이르쿠츠크파 고려공산당의 정당원이던 여운형의 추천이 있었을 것이다.

극동민족대회에 출석하기 위해 대표들이 속속 모여들었지만 워낙 출발지가 다양하고 이르쿠츠크로 오는 여정이 쉽지 않았기 때문에 원래 예정된 개막일까지 도착한 대표는 일부에 지나지 않았다. 대회는 어쩔 수 없이 연기되었다.

김규식은 이르쿠츠크에 도착하자마자 1921년 6월에 일어난 자유시 사변으로 체포된 이른바 '반동 분자'에 대한 재판에 배심원으로 참관했다. 자유시 사변이란 흑하 대안의 소비에트 러시아 영토 안에서 일어난 한인 독립운동 단체 사이의 갈등에 소비에트 러시아 군대가 개입해 갈등의 한쪽 당사자인 상해파 무장 단체의 무장을 해제하고 거기에 저항하는 일부를 참살한 사건을 가리킨다. 재판정에 선 사람들은 대부분 상해파였다. 재판부는 3명에게 2년 징역, 5명에게 1년 징역, 그리고 24명에게는 1년 집행유예를 선고했다. 김규식과 함께 재판을 참관한 여운형에 따르면 이 재판은 "그 후 오랫동안 조선의 민중 운동을 망쳐온 저 파벌 투쟁의 선구였으며 또 가장 부끄러운 표현"이었다. 독립운동의 과정에서 입장이 다르다는 이유 하나만으로 희생당하는 동포를 보면서 김규식은 참담한 심정을 누를 수가 없었다. 그러면서도 김규식은 이르쿠츠크에서 희망을 찾고 혁명의 열기를 느끼려고 했다.

이르쿠츠크에 모인 각국 대표들이 개막을 기다리는 사이 코민테른은 1921년 12월 하순에 개최지를 모스크바로 바꾸었다. 코민테른의 지시에 따라 김규식은 다른 대표들과 함께 모스크바행 특별 열차에 올랐다.

김규식의 동반자인 여운형은 이때의 심정을 "모스크바! 레닌이 살고 있는 곳, 신흥러시아의 혁명 지도자들을 눈앞에 볼 수 있는 모스크바! 우리는 뛰는 가슴을 누르면서 행리(짐)를 다시금 수습했다"고 썼다. 김규식이 시베리아평원을 지나 모스크바에 도착한 것은 1922년 1월 7일(또는 15일)이었다.

대회는 1922년 1월 21일 크렘린 궁전에서 열렸다. 대회 첫날 회의에서 16명의 의장단이 선출되었다. 그 가운데는 김규식, 여운형, 김단야金丹冶, 김원경金元慶도 포함되었다. 김규식은 본회의 개최 직전인 1월 17일에 열린 각국 대표단 집행부 연석 회의에도 한국 대표단 집행위원회 의장 자격으로 참석했다. 후보당원이라도 당원의 자격을 갖고 있었기에 주로 이르쿠츠크파 고려공산당의 당원들로 이루어진 한국 대표단의 집행위원회 의장이 될 수 있었을 것이다.

극동민족대회에서의 김규식의 활동은 눈부셨다. 김규식은 박경이라는 가명으로 행한 개회 연설에서 미국과 소비에트 러시아를 날카롭게 대비했다. 과거에 워싱턴은 민주주의와 번영의 중심지였던 데 반해 모스크바는 차르 전제와 제국주의 팽창의 표상이었지만 이제 상황이 반전되었다는 것이다. 모스크바는 세계 프롤레타리아 혁명 운동의 중심지로서 극동 피압박 민족의 대표를 환영하고 있는데 워싱턴은 세계 자본주의의 착취와 제국주의 팽창의 중심이 되었다고 김규식은 역설했다. 그리고 "만국의 노동자여 단결하라!"라는 구호를 "극동의 근로자여 단결하라!"라는 구호로 바꾸지 않으면 안 된다고 단언했다. 또한 한국 대표단이 "하나의 불씨, 세계 제국주의, 자본주의 체제를 재로 만들어버릴 불씨"를 얻기 위해 모스크바에 왔다고 밝힘으로써 만장의 박수를 받았다.

이어 1월 25일에 열린 전체 회의에서는 대회 기간 동안에 이루어진 한국 문제에 관한 한국 대표단의 토론 결과를 보고했다. 이 보고에서 김규식은 '동학란, 의병 운동, 계몽 운동, 3·1운동, 외교 운동, 만주의 무장 투쟁'의 순서로 한국 혁명 운동의 역사를 소개한 뒤 현재 한국에서 진행되고 있는 혁명 운동을 이르쿠츠크파 중심으로 설명했다. 보고의 결론은 '밝은 미래'라는 한 마디로 집약된다. 김규식에 따르면 독립운동의 단계를 밟고 있는 한국의 혁명 운동은 세계 혁명 운동에 합류함으로써 더 밝은 미래를 가지게 되었다는 것이다.

독립운동과 사회주의 운동을 연결시키려는 생각은 대회 기간 도중에 이루어진 레닌V. I. Lenin과의 회견을 통해 더 확고해졌다. 레닌은 김규식도 포함된 각국 대표단과의 회견에서 한국의 혁명 운동에 대해 "아직 공업이 발달하지 않고 또 계급 의식이 유치하므로 계급 운동은 시기상조이며 …… 임정의 조직을 개혁하는 것이 필요하다"는 입장을 밝혔다. "한국이 이전에는 문화가 발달했지만 현재는 민도가 낮기 때문에 지금 당장 공산주의를 실행하는 것은 잘못이고 지금은 민주주의를 실행하는 편이 낫다"는 레닌의 말은 민족 혁명 우선론을 주장하는 독립운동가들의 생각을 뒷받침하는 것이기도 했다.

그리고 시기는 분명하지 않지만 대회 기간 동안에 김규식이 쓴 것으로 보이는 「아시아의 혁명 운동과 제국주의The Asiatic Revolutionary Movement and Imperialim」라는 글이 영국에서 발간되던 『공산 평론Communist Review』

1922년 7월호에 발표되기도 했다. 이 글은 당시 김규식의 생각을 이해하는 데 시사하는 바가 많기 때문에 좀 더 자세히 언급할 필요가 있다.

이 글에서 김규식은 "결합된 제국주의자들의 침략과 지속적으로 심화되고 있는 자본주의자들의 압박과 착취에 대항하는 동아시아 인민들 측에서 '단결'의 필요성"을 지적했다. 곧 제국주의와 자본주의에 맞서는 동아시아 피압박 민족의 '연합 전선'을 주장한 것이다. 여기에는 식민지 한국이 독자적인 힘만으로는 민족 해방을 이루기 어렵다는 인식이 깔려 있었다. "한국은 외부적 원조나 협력 없이는, 그리고 국제적 상황의 변화 없이는 독립의 성취를 기대할 수 없다"라든지 "원동 문제는 일본이 무력 충돌을 지향한 이후에야 비로소 해결될 수 있다"는 표현이 이러한 생각을 잘 보여준다. 김규식은 일본과 다른 제국주의 열강 사이의 전쟁이 독립운동에 새로운 전기가 될 것이라는 기대를 갖고 있었다. 그런데 미국과 일본 사이의 전쟁보다는 소비에트 러시아와 일본 사이의 전쟁이 일어날 가능성이 높고, 중국과 일본 사이의 전쟁이 일어날 가능성은 더 높다는 것이었다. 따라서 김규식은 중국 민중과 한국 민중의 연대에 의해 일제를 무너뜨릴 수 있을 것으로 기대하고 있었다.

김규식이 "우리 모두는 공동의 적을 갖고 있으며 같은 목적을 향해 노력하고 있다. 그러므로 시간과 기회가 오면 우리는 협력할 것이라고 말해야 할 뿐 아니라 우리는 우리 자신의 미래를 위한 계획을 준비하는 데 있어 지금 협력해야 한다고 말해야 하는 것이다"라고 주장한 데는 동아시아 민중의 반제 연대라는 평소의 소신이 담겨 있었다. 게다가 극동민족대회에서 각국의 근로 인민과 피압박 민족의 단결을 결의한 것도

상하이 중한호조사(1921년 5월)

큰 영향을 미쳤다. 제국주의의 침략과 지배 아래 놓여 있는 동아시아 여러 민족의 해방 문제는 어느 한 나라의 노력만으로 해결될 수 있는 것이 아니고 각국 민중의 연대에 의해서만 해결될 수 있다는 생각은 이후 김규식의 삶과 활동을 일관하는 중요한 원칙이 되었다.

실제로 김규식은 1921년 상하이를 비롯해 창사長沙, 광저우 등지에서 일제의 침략이라는 공통의 위협에 처한 한국 민중과 중국 민중의 연대를 표방하는 민간 단체 중한호조사中韓互助社가 출범할 때 적극 참여한 적이 있었다. 그리고 1923년 5월 상하이에서 열린 중한호조사 창립 2주년 기념식의 사회를 맡아 3·1정신과 5·4정신을 발양해 열강의 침략에 반대하고 민족 자강을 위해 분투하자고 호소했다.

극동민족대회에 참석하고 있는 동안에 김규식은 제국주의의 침략을 규탄하고 피압박 민족의 연대와 세계 혁명의 정당성을 주장함으로써 의도적으로라도 열렬한 공산주의자로서의 면모를 보였다. 극동민족대회에 참가한 한국 대표의 활동을 보도한 에반스Ernestine Evans라는 가명의 미국 기자는 『아시아Asia』 1922년 12월호 기사에서 김규식이 자신에게 공산주의자로 자처했다고 적었다. 그가 공산주의 이론을 내면화함으로써 공산주의자가 되었는지 아니면 1920년대 초반 동아시아를 둘러싼 국제 정세의 변화에 대한 인식을 바탕으로 코민테른과 소비에트 러시아로부터 독립운동에 필요한 현실적 도움을 받기 위한 방법으로 공산당에 입당했는지는 알 수 없다. 중요한 것은 이미 독립운동에서 중요한 한 축을 이루고 있던 사회주의 세력의 대표적 인물로 부상할 만큼 이 시기 김규식이 사회주의 운동에 깊숙이 관여하고 있었다는 사실이다.

극동민족대회가 끝난 뒤 한국 대표단은 대부분 본래의 연고지로 돌아갔다. 그러나 김규식은 모스크바에 남았다. 한국 대표단은 대회가 끝난 뒤 코민테른과 소비에트 러시아 정부를 상대로 하는 외교 활동을 위한 특별 기구로 한국 대표단 전권위원회를 구성했다. 김규식은 이 위원회의 위원장을 맡았다. 김규식과 함께 전권위원으로 선출된 한명세韓明世, 최창식崔昌植, 김시현金始顯은 모두 이르쿠츠크파 고려공산당의 정당원이었다.

한국 대표단 전권위원회는 스스로 '한국 혁명 세력의 최대 규모의 결집체'라고 자임했다. 한국 대표단은 25만 명의 활동가가 소속된 국내외 22개 항일 단체를 대표하고 있다는 것이다. 이러한 자부심을 바탕으로 김규식 등은 코민테른과 소비에트 러시아 정부를 상대로 활발한 외교 활동을 벌였다. 한국의 혁명 운동을 대표하는 존재로 인정해줄 것을 요구하고 나아가 한국 대표단이 소임을 다할 수 있도록 거액의 자금을 지원해줄 것을 요청했다.

전권위원회를 혁명 운동의 최고 대표 기관으로 인정해달라는 요구에는 기존의 임정에 대한 부정적 인식이 전제되어 있었다. 실제로 김규식은 임정이 대중의 신뢰를 상실한데다가 워싱턴회의에 독립을 요구하는 청원서를 보냄으로써 혁명 운동에 반하는 노선을 취했으므로 소비에트 러시아 정부가 임정과의 관계를 정리해야 한다고 주장했다. 이러한 김규식의 주장에는 얼마 후 일어나는 개조파와 창조파 사이의 논쟁에서 창조파가 주장하는 바가 그대로 담겨 있었다.

그러나 전권위원회에 대한 역풍이 불었다. 당시 코민테른으로부터 대립하고 있는 두 고려공산당을 통합하라는 임무를 부여받은 고려공산당 연합 중앙위원 이동휘가 한국 대표단 전권위원회를 비판하는 데 앞장섰다. 이동휘는 극동민족대회 한국 대표단이 이르쿠츠크파 위주로 구성되었기 때문에 전체 혁명 단체를 대표할 수 없다고 주장했다. 한국 대표단 전권위원회도 이르쿠츠크파 고려공산당의 분신에 지나지 않기 때문에 새로운 분파 투쟁이 시작되었음을 보여주는 지표에 지나지 않는다는 것이었다.

그러던 중 코민테른 집행위원회가 만든 한국문제위원회는 1922년 4월, 이른바 4월 결정서를 채택했다. 4월 결정서는 2항에서 당내 분쟁의 격화에 책임이 있다고 간주되는 인사들의 거취 문제를 거론했는데 그 내용은 "박진순, 박애, 최고려, 김규식 동무는 고려공산당이 통합될 때까지 당 사업에 직접 간여함을 금지한다"는 것이었다. 앞의 두 사람은 상해파의 중진이고 최고려는 이르쿠츠크파의 핵심이었다. 그런데 이르쿠츠크파 고려공산당의 정당원이 아니라 후보 당원에 불과한 김규식도 세 사람과 함께 당 활동 정지라는 사실상의 중징계를 받게 되었다.

4월 결정서에서 김규식이 고려공산당 통합 과정에서 배제되어야 할 사람으로 지목되었다는 것은 이르쿠츠크파 고려공산당의 입장을 대변하는 문제 인물로 간주되었음을 뜻한다. 아울러 김규식이 위원장을 맡은 한국 대표단 전권위원회가 코민테른으로부터 혁명 운동의 최고 대표 기관으로 인정을 받지 못했음을 뜻하기도 한다.

국민대표회와 국민위원회

김규식은 모스크바에서의 활동이 불가능해졌기 때문에 중국으로 돌아왔는데 언제 어떻게 돌아왔는지에 대해서는 알려져 있지 않다. 한 가지 분명한 사실은 김규식이 모스크바에서 돌아왔을 때 임정 문제를 해결하기 위한 국민대표회 소집이 한참 논란이 되고 있었다는 것이다.

사실 김규식은 극동민족대회에 참석하기 위해 소비에트 러시아로 출발하기 전에 이미 국민대표회 소집 움직임의 중심에 있었다. 임정에 반대하면서 무장투쟁 노선을 견지하던 베이징의 신숙申肅, 박건병朴健秉 등은 1921년 5월 16일 군사통일회의를 열고 국민대표회의 소집을 정식으로 결의했다. 사흘 뒤인 19일에는 상하이에서 국민대표회기성회가 출범했는데 이날 선출된 20명의 조직위원 가운데는 김규식도 포함되어 있었다. 베이징의 군사통일회의는 6월 초에 김규식을 베이징으로 불러 국민대표회 문제를 논의했다. 이어 6월 중순에는 박용만과 김규식이 안창호를 베이징으로 불러 국민대표회 문제를 협의했다. 김규식은 국민대표회 소집 문제가 본격화되던 1921년 5월과 6월 사이에 베이징과 상하이를 오고가면서 군사통일회의, 국민대표회기성회, 그리고 임정의 개조를 주장하는 안창호의 입장을 조율하는 데 주도적인 역할을 하고 있었다. 그러나 1921년 10월부터는 극동민족대회 참석 문제로 국민대표회의 소집에 관여하는 것이 일시적으로 중단되었다.

김규식은 모스크바에서 돌아온 뒤 국민대표회의 재상해준비위원으로 활약했다. 김규식, 안창호 등의 노력에 의해 1923년 1월 3일 국내외 70여 단체 대표 160여 명이 모인 가운데 국민대표회가 열렸다.

국민대표회는 열띤 분위기 속에서 효과적인 독립운동의 방략을 논의했지만 임정 문제의 해결책을 둘러싸고 난항을 거듭했다. 한쪽에서는 임정의 틀은 유지하면서 개조할 것을 주장했고 다른 한쪽에서는 임정은 더 이상 혁명운동 기관으로서의 의미를 갖지 못하기 때문에 임정을 대신할 새로운 기구를 창조할 것을 주장했다.

임정 개조론을 지지한 것은 흥사단 계열의 안창호, 송병조宋秉祚, 이유필李裕弼, 손정도孫貞道, 상해파 고려공산당 계열의 오영선吳永善, 김상덕金尙德, 현정건玄鼎健 등과 김동삼金東三, 김철 등이었다. 이에 비해 베이징 군사통일회의 신숙, 박건병, 노령 대한국민의회 계열의 윤해尹海, 원세훈元世勳, 오창환吳昌煥, 군인구락부 계열의 지청천池靑天, 김창환金昌煥, 이르쿠츠크 고려공산당 계열의 여운형 등은 창조파의 입장이었다. 김규식은 국민대표회에 직접 출석하지는 않았지만 창조파를 지지했다.

결국 국민대표회가 견해의 차이를 극복하지 못하고 표류할 위기에 처하자 창조파는 독자적으로 회의를 열어 임시의정원 대신 국민위원회를 설치할 것을 결정하고 김규식, 김응섭金應燮, 박건병, 서병호, 서왈보, 신숙, 오창환, 원세훈, 윤덕보尹德甫, 윤해, 지청천, 한형권 등 33명의 국민위원회 위원을 선출했다. 아울러 정부 역할을 하는 국무위원회도 구성했다. 국무위원은 내무 담당 신숙, 외무 담당 김규식, 재무 담당 윤덕보, 경제 담당 김응섭이었다. 군무 담당 국무위원은 처음에는 미정이었다가 나중에 지청천이 선임되었다.

김규식이 중심이 된 창조파는 1923년 6월 7일 전문 18조로 이루어진 '한국임시헌법'을 제정하고 나라의 이름을 한국, 연호를 건국(단군) 기원으로 정했다. 창조파가 만든 헌법의 주요 내용은 독립을 위한 혁명운동의 최고 권한을 3년에 한 번씩 소집되는 국민대표회에 두고 국민대표회가 열리지 않는 동안에는 국민위원회가 그 기능을 대신하며 국민위원회에서 선출된 국무위원회가 정무를 집행한다는 것 등이었다. 민족혁명 단체 대표로 구성된 국민위원회가 국회의 역할을 하고 거기서 선출된 국무위원회가 정부의 역할을 하는 일종의 위원제 정부 건설안인 셈이다.

김규식은 한인 동포가 많이 거주하는 만주와 노령이 독립운동의 중심이어야 하며 무장 투쟁이 독립운동의 최종 방략이어야 한다는 평소의 소신에 따라 창조파에 가담해 국민위원과 외무 담당 국무위원의 중책을 맡았다. 김규식을 비롯한 창조파는 소비에트 러시아 정부가 독립운동에 대한 지원을 약속했으므로 지속적으로 무장투쟁 중심의 독립운동을 전개하기 위해서는 노령보다 더 적합한 곳이 없다고 판단했다. 국민대표회 직후 국민위원회의 주요 구성원들이 대거 블라디보스토크로 간 데는 이러한 판단이 작용하고 있었다.

당시만 해도 코민테른이 한국 독립운동을 지원한다는 방침을 세우고 있었기 때문에 소비에트 러시아는 1923년 6월 국민대표회 대표들의 입국을 허가했다. 이때 소비에트 러시아가 발부한 초청장에는 "한국에서 민족혁명당의 선전과 민족위원회의 조직 형태에 대해 협의하기 위해 민족주의자들 가운데 영향력을 가진 김규식을 블라디보스토크로 초청한다"고 되어 있었다.

애초에 코민테른은 창조파에 대해 호의적인 태도를 보였다. 코민테른 동방부는 블라디보스토크의 현지 기관 책임자 파인버그J. Fineberg에게 보낸 1923년 8월 7일자 훈령을 통해 국민위원회 지도자들을 블라디보스토크로 불러들여 협상을 벌이라고 지시했다. 협상 상대로는 김규식이 적당하다는 의견도 있었다. 그런데 이 훈령에는 단서가 붙어 있었다. 국민위원회 조직을 정당 형태로 변경하는 데 협상의 초점을 맞추어야 한다는 것이다. 이는 이 무렵 코민테른에서 국민위원회의 위상을 하나의 통일 전선적 혁명운동 기관으로 상정하고 있었음을 의미한다. 국민위원회를 만든 창조파와 코민테른 사이에는 이미 균열이 일어나고 있었던 것이다.

김규식을 비롯한 창조파 일행은 1923년 8월 20일 상하이를 출발해 열흘 뒤인 30일 연해주의 블라디보스토크에 도착했다. 김규식의 연해주행은 당시 국내 신문에 보도될 정도로 사람들의 관심을 끌었다. 김규식은 신숙, 윤해, 원세훈, 지청천과 함께 코민테른과 협상에 나설 대표단으로 선출되었다. 김규식은 영어로 의사소통을 할 수 있는데다가 풍부한 외교 경험이 있었기 때문에 블라디보스토크에서도 협상의 수석 대표를 맡았다.

협상을 벌일 상대방은 코민테른의 현지 기관인 고려총국의 간부인 파인버그, 한명세, 이동휘였다. 김규식의 주된 상대역은 파인버그였다. 파인버그는 영국 출신의 국제주의자였기 때문에 영어로 의사소통하는 데 아무 문제가 없었다.

국민위원회와 코민테른 대표들 사이에는 의견의 공통성도 있었고 차이도 있었다. 한국 혁명의 성격에 관해서는 양측 모두 이견이 없었다. "사회 혁명보다 먼저 민족 혁명을 촉성"한다는 점에서나 민족 혁명을 위해 민족 통일 전선 정책을 실행한다는 점에서나 같은 생각을 갖고 있었다. 김규식은 지청천과 함께 작성한 1923년 9월 24일자 비망록에서 "현재 실질적인 조선공산당은 존재하지 않는다. …… 인민은 공산주의자와 민족주의자 두 요소가 조선 민중의 해방을 위해 협력해야 한다는 것을 알아야 한다"고 주장했다. 이는 국민위원회가 통일 전선 운동의 필요성을 인정하고 있었음을 의미한다. 문제는 어떻게 통일 전선을 구축할 것인가 하는 데 있었다.

코민테른은 국가 기관으로서의 국민위원회를 인정하지 않았다. 따라서 국민위원회를 정당 형태의 민족 통일 전선 기관으로 바꿀 것을 요구했다. 정당 조직으로 전환한다면 긴밀한 연계를 맺을 수 있다는 것이었다. 한마디로 국민위원회를 한국 혁명을 지도하는 최고 기관으로 볼 수 없다는 것이 코민테른의 입장이었다. 김규식은 국민위원회의 이름을 바꾸는 것만은 어쩔 수 없다는 논리로 맞섰다. 국민위원회는 국가 기관이 아니라는 주장도 했다. 그러나 이미 새로운 헌법을 제정하고 나라의 이름도 바꾼 마당에 김규식의 주장은 옹색해질 수밖에 없었다. 김규식은 파인버그와 영어로 의견을 주고받는 점을 활용했다. 국민위원회를 중앙위원회the central committee로, 국무위원회를 집행위원회the executive committee로 옮긴 것이다. 국가의 의미가 배제된 용어를 의도적으로 선택한 데서 김규식의 고심이 느껴진다.

그러나 협상에서 칼자루를 쥔 것은 코민테른 대표들이었다. 창조파는 국민위원회를 한국독립당으로 바꾸는 데 동의할 수밖에 없었다. 1923년 10월 10일의 일이다. 국민위원회를 비판적으로 바라보던 상하이의 『독립신문』은 창조파가 코민테른의 요청에 따라 제멋대로 국민위원회를 국가 기관이 아닌 '보통 단체'로 변경한 것을 '협잡'이나 '괴극怪劇'이라고 비꼬는 기사를 실었다. 반대파로부터 조롱의 대상이 될 정도로 국민위원회를 임정 대신에 민족 혁명의 최고 대표 기관으로 만들겠다는 김규식과 창조파의 구상이 벽에 부딪힌 것은 사실이었다.

국민위원회 협상단은 코민테른 대표들과의 협의를 통해 한국독립당의 강령과 프로그램을 채택하는 데 합의했다. 한국 혁명의 목표가 "일본의 통치에서 한국을 해방하고 자립적 공화국을 건설"하는 데 있다는 데 대해서는 아무도 이견이 없었다. 한국독립당은 민족 통일 전선 기관으로 규정되었다. 앞으로 있을 한국독립당의 대표 회의에서 중앙 간부를 새로 선출할 때까지는 국민위원회가 임시 중앙위원회의 역할을 한다는 데 대해서도 합의가 이루어졌다. 합의된 내용 가운데는 독립운동의 방략과 관련된 것도 포함되어 있었다. 평화적 운동론, 타협론, 서방 외교론은 배척의 대상이 되었다. 그러면서 "완실한 준비와 상당한 조직이 있는 한국 군중"을 바탕으로 한 방략 곧 대중 노선을 대안으로 제시했다. 파업, 시위, 대중 봉기, 무장 투쟁 등의 대중 투쟁의 앞으로 독립운동의 주된 노선이 되어야 한다는 것이었다.

이처럼 코민테른의 요구에 따라 국민위원회를 한국독립당으로 전환하는 데 동의했지만 10월 10일 이후 상황이 다시 바뀌었다. 국민위원회 협상단과 코민테른 대표들의 합의가 효력을 발휘하려면 국민위원회와 코민테른 본부의 동의가 필요했다. 그리하여 1923년 말부터 1924년 초에 걸쳐 국민위원회를 다시 열어 한국독립당 조직안을 통과시키려고 노력하는 가운데 모스크바의 코민테른 본부에서 국민위원회의 존재를 아예 부정하기로 결정했다. 1924년 2월 18일에 파인버그가 국민위원회에 코민테른 본부의 훈령을 통보했다. 거기에는 "국민위원회는 당지當地에서 회의할 필요가 없고 산귀散歸함을 희망한다"고 적혀 있었다. 민족 통일 전선 기관으로서의 국민위원회의 존재 자체가 부정되었을 뿐만 아니라 소비에트 러시아 영내에 머무는 것도 허락하지 않겠다는 일종의 최후 통첩이었다.

국민위원회에 대해 코민테른이 존재 자제를 부정하는 강경한 방침을 세운 것은 충분히 예견되는 일이었다. 왜냐하면 극동민족대회 이후 코민테른은 상해파와 이르쿠츠크파의 분쟁이 한국의 혁명 운동에 가장 큰 걸림돌이라는 인식을 갖고 있었기 때문이다. 창조파 중심의 국민위원회가 이르쿠츠파의 분신에 지나지 않는다고 상해파가 비난하는 상황에서 코민테른이 국민위원회의 손을 들어주기란 어려웠다. 여기에 식민지의 민족 혁명을 지지하던 레닌이 1922년에 쓰러지고 1918년 7월에 일어난 일본군의 시베리아출병을 계기로 악화되었던 소비에트 러시아와 일본의 관계를 개선하려는 움직임이 일어나는 등 한국의 독립운동을 둘러싼 소비에트 러시아의 상황이 불리하게 돌아간 것도 국민위원회에 대한 퇴거 명령에 큰 영향을 미쳤다.

소비에트 러시아의 지원에 대한 기대를 가졌고 1921년 말부터 1924년 초까지 그러한 기대를 현실로 만들기 위해 상하이에서 몽골사막을 거쳐 이르쿠츠크로, 다시 이르쿠츠크에서 시베리아평원을 지나 모스크바로, 모스크바에서 다시 상하이로, 상하이에서 배를 타고 연해주의 블라디보스토크로 이동하는 수고를 마다하지 않았지만 돌아온 것은 퇴거 명령뿐이었다. 어쨌거나 국민위원회 대표들은 블라디보스토크를 떠날 수밖에 없었다.

다양한 교육 운동에 나서다

김규식은 1924년 5월 무렵 상하이로 돌아왔다. 그 직후인 1924년 9월 재중국 소비에트 러시아 무역 대표부 석유과장의 이름으로 된 한 보고서에 따르면 "김규식은 과거에 한인 공산주의자들의 지도자였고 국제 공산주의 조직인 코민테른의 2차 회의에도 참가했었음. 현재에 그는 그의 신념을 바꾼 변절자이며 사업 쪽으로 방향을 돌리려는 그의 시도도 실패하고 있는 인물임. 미국 석유의 판매를 비롯한 몇 차례의 회사 설립을 위한 그의 시도는 알려져 있음"이라고 기록되어 있다. 여기서 '코민테른의 2차 회의'에 참가했다는 것은 착각일 것이다. 코민테른이 주최한 극동민족대회에 참가한 것이지 코민테른 회의에 참가한 것은 아니기 때문이다. 그렇지만 1924년 초 연해주를 떠난 뒤 이미 공산당과의 관계를 정리한 김규식에 대해 소비에트 러시아가 부정적인 평가를 내리고 있었던 것만은 분명하다.

김규식은 1919년 초부터 1924년 초까지 파리, 미국, 중국, 몽골, 소비에트 러시아를 돌면서 독립운동에 대한 열강의 외교적 지원을 받기 위해 모든 힘을 기울였다. 그러나 성과가 없었다. 서구 열강은 한국의 독립에 냉담했고 한때 세계 혁명의 일환으로 독립운동을 적극 지원하겠다고 약속한 소비에트 러시아와 코민테른도 약속을 헌신짝 버리듯이 내팽개쳤다. 김규식으로서는 국제 질서의 냉혹한 현실을 다시금 깨달을 수밖에 없었다.

게다가 그런 가운데 독립운동 진영이 갈라져서 서로 질시하고 심지어는 상대방을 죽음으로 몰아넣는 모습도 지켜보았다. 극동민족대회에서 국민위원회의 정부 수립 운동에 이르는 과정에서 정치적 견해를 달리 하는 상해파로부터 이르쿠츠크파의 앞잡이라는 비난을 받고 그 와중에 코민테른으로부터 분쟁의 최고 책임자로 지목되어 활동 정지 지시를 받기도 했다. 소비에트 러시아 정부와 코민테른의 독립운동 지원에 대한 확약이 없는 상태에서 이들을 믿고 노령에 가서 새로운 정부를 세우려다 사실상 쫓겨난 데 대해 당시 독립운동 진영 가운데는 곱지 않은 시선으로 바라보는 사람들이 적지 않았다.

더욱이 김규식을 비난하는 데 앞장 선 것이 이동휘였다는 사실은 김규식에게 큰 타격이었다. 파리강화회의 직후에 당시 임정 국무총리이던 이동휘는 김규식에게 편지를 보냈다. 이 편지에서 이동휘는 스스로를 '동생弟'으로 낮추면서 김규식을 '대형大兄'이라고 불렀다. 1873년생인 이동휘가 여덟 살이나 어린 김규식을 예우했다는 것은 두 사람 사이에 이전부터 독립운동 노선에, 이동휘의 표현을 빌면 '혈전'과 관련된 공감대가 형성되어 있었음을 의미한다. 실제로 파리강화회의를 전후해 두 사람은 자주 편지를 주고받았다. 그런데 불과 3년여 만에 이동휘로부터 이르쿠츠크파의 앞잡이라는 비난을 받게 되었으니 독립운동 진영의 단합을 주장해온 김규식으로서는 받아들이기 어려웠을 것이다.

몇 년 동안의 노력이 헛수고로 끝나버렸다는 무력감이 김규식의 심신을 한꺼번에 무너뜨렸음을 짐작하기란 어려운 일이 아니다. 또한 1923년부터 1925년까지 김순애와의 사이에서 연년생으로 한애韓愛, 만애晩愛, 우애尤愛의 세 딸이 태어났다. 이제 독립운동가 이전에 부인과 네 자녀의 부양을 책임져야 하는 가장이 되었지만 김규식은 당시 극빈 상태였다. 일제 경찰 문서에 따르면 몽골과 장자커우에서 사업을 할 때 '상당한 자산'을 모았지만 파리강화회의의 경비로 썼다고 한다. 실제로 1921년 초 미국에서 돌아왔을 때는 가족을 먹여 살리기에도 힘들 만큼 경제적으로 어려웠다.

부인인 김순애도 파리강화회의를 지원하기 위해 국내에 잠입해 활동하다가 상하이로 돌아온 뒤 대한애국부인회와 신한청년당 활동으로 동분서주하고 있었다. 김순애는 1919년 8월 정치적 망명자 지원을 위해 임정에서 만든 대한적십자회의 이사가 되었고 1920년 1월에는 당시 임정 간부이던 손정도, 김구金九, 김립金立 등과 함께 의열 투쟁 단체 의용단義勇團의 발기인으로 참여한 데 이어 같은 해 11월에는 재상해 대한인거류민단 의원으로 피선되었다. 그리고 1923년 1월에는 대한애국부인회 대표 자격으로 국민대표회에 참가하는 등 남편 못지않게 열정적인 활동을 벌이고 있었다. 그런 가운데서도 독립운동가들의 옷 세탁을 도맡아 하고, 삯바느질도 하고, 하숙도 치면서 남편의 독립운동 자금은 물론 임정의 명맥을 유지하는 데 필요한 자금을 마련하기 위해 온갖 노력을 다했다.

상하이에서 활동하던 당시 김순애의 편지
(『신한민보』, 1919년 8월 14일)

김규식과 김순애처럼 부부가 나란히 독립운동의 일선에서 활동한 경우는 그다지 흔하지 않다. 그러다 보니 당연히 생계 문제가 뒤따랐다. 김규식은 독립운동으로 바쁜 와중에도 가족의 생계를 위해 일자리를 구할 수밖에 없는 상황으로 내몰렸다. 김규식은 1922년부터 1927년까지 상하이의 혜령영어전문학교惠靈英語專門學校에서 영어를 가르치는 일을 맡았다. 평소에 가르치기를 좋아한데다가 워낙 어학 능력이 뛰어났기 때

명예박사 학위 취득과 건강상태를 보도한 기사(『동아일보』, 1923년 7월 3일)

문에 자연스럽게 학교에 취업하게 된 것이다. 나중에는 이 학교에서 학감과 교장을 겸임하고 1923년부터 1927년까지는 상하이에서 가장 좋은 대학으로 알려진 후단대학復旦大學 강사를 맡을 정도로 능력을 인정받았다.

한편 당시 김규식은 건강이 극도로 악화되었다. 당시 김규식의 건강상태에 대해 『동아일보』 1923년 7월 3일자 기사를 살펴보자.

10여 년 동안 국사를 위하여 분주한 동안에 그의 몸은 극도로 쇠약하였을 뿐 아니라 (파리와 워싱턴에서는) 그 어려운 경우에서 어떻게 애를 썼는지 뇌병으로 뇌가 터져 심히 위중한 것을 미국의 친구 중 의사가 전심 치료하여 겨우 낫기는 하나 뇌가 터져 머리 한편으로 주먹같이 혹이 나왔으니 정신을 너무 써서 생머리가 터지도록 애를 쓸 때 그의 가슴이 얼마나 탔으랴. 현재도 너무도 몸이 파리하고 기운이 부치며 때때로 일어나는 뇌병은 수습할 수가 없고 학생에게 강의를 하다가도 책을 든 채로 강단에 혼도하여 넘어지면 세상을 모르고 인하여 며칠씩 앓고 일어나는 일이 많다.

이 기사는 김규식이 국민위원회 문제로 블라디보스토크에 가기 전의 것이다. 블라디보스토크에서 돌아온 뒤에 김규식의 건강은 더 나빠졌다. 건강을 추스르지 않으면 더 이상 활동이 불가능한 지경에 이른 것이다.

이러한 여러 가지 문제가 복합적으로 어우러지면서 김규식은 지난 몇 년 동안 벌인 활동과는 다른 길을 모색하게 되었다. 계몽운동 시기부터 관심을 갖고 있던 교육과 실업으로의 길을 다시 추구한 것이다. 이와 관련해 김규식의 동정에 대해 "이 근래 박사(김규식)는 느낀 바가 있어서 얼마동안 정계를 떠나 우리 모든 희망의 열매라 할 만한 제2국민을 위하여 교육계에 헌신 벌써 여러 달"이라고 보도한 『시대일보』 1924년 6월 9일자 기사가 눈길을 끈다.

1925년 2월 8일부터 10일까지 『동아일보』에 연재된 「반성과 단결의 필요」라는 제목의 회견기도 마찬가지이다. 김규식은 『동아일보』 기자와의 회견에서 '이승만, 이동휘, 안창호'의 이름을 거명하면서 지난날의 독립운동이 사업 본위가 아니라 개인 본위이고 단체 본위였기 때문에 서로 나뉘어 싸우게 되었다는 점을 비판했다. 세 사람은 모두 임정 초기의 대표적인 지도자였고 개인적으로는 김규식과 가까운 사이였다. 그런데도 독립운동 과정에서 서로 등을 돌리고 배척하는 관계가 된 데 대한 아쉬움을 새로운 정신에 의한 단결의 중요성을 거론하는 것으로 우회해서 표현한 것이다. 그러면서 김규식은 "나 개인으로 말하면 당분간 정치 운동에는 간섭하려 아니하며 교육과 실업에 종사함으로 다른 사람과 논쟁하려고 아니합니다"라는 뜻을 밝혔다. '다른 사람과 논쟁'하지 않겠다는 말에는 몇 년 동안의 활동 과정에서 김규식이 입은 마음의 상처가 그대로 담겨 있다.

교육이란 앞으로 독립운동을 이끌 인재를 육성하는 것이고 실업이란 독립운동을 위한 경제적 기초를 다지는 것이었다. 독립운동을 포기하지는 않되 한 걸음 물러서서 독립운동의 바탕을 다지는 쪽으로 방향을 틀겠다는 김규식의 생각이 회견기에 담겨 있었다. 그렇지만 김규식이 밝힌 교육과 실업 가운데 실업의 구상은 말 그대로 구상에 그쳤다. 중국에 망명한 상황에서 김규식이 할 수 있는 실업 활동이란 거의 없었다. 따라서 1920년대 중반 한때 김규식은 교육 운동에 전념했다.

망명 직후 김규식은 상하이에서 박달학원 교사를 지낸 적이 있었다. 그러나 그 뒤 몇 년 동안은 세계 각지를 다니면서 외교 활동을 벌이느라 교육 분야에서는 이렇다 할 활동을 하지 못했다. 김규식이 다시 교육 운동을 재개한 것은 1923년 9월에 출범한 남화학원南華學院 원장을 맡으면서부터였다.

당시 상하이에는 유학을 목적으로 많은 한인 학생들이 몰려오고 있었다. 1923년 무렵에는 한인 학생의 수가 무려 2천 명에 이를 정도였다. 그런데 국내의 학제와 중국의 학제가 다른데다가 중국어와 영어에 미숙해 중국 학교에 바로 입학하지 못하거나 입학하더라도 중도에 그만두는 일이 많았다.

이에 김규식과 서병호가 중심이 되어 중국인과의 합자로 한인 학생은 물론 중국인 학생에게도 영어와 중국어로만 가르치는 외국어 교육기관 남화학원을 설립했다. 그런데 남화학원이 처음 문을 열 때 원장인 김규식은 부재중이었다. 국민위원회 일로 블라디보스토크에 체류하고 있었기 때문이다. 김규식이 1923년만 해도 교육 운동에 전력을 기울이지는 않고 있었음을 의미한다. 남화학원은 유학생들이 일단 학원에 입학한 뒤 학비를 내겠다는 약속을 지키지 않는 경우가 많아 경영난을 겪다가 이내 문을 닫고 말았다.

1924년 9월에는 상하이에 거주하는 한인들의 자치 단체인 교민단에 의해 고등보수학원高等補修學院이 문을 열었다. 남화학원과 마찬가지로 한인 학생들에게 유학의 편의를 제공하고 보수 교육을 시키기 위한 교육기관이었다. 이미 교육 운동에 전념하기로 결심한 김규식은 이 학원의 원장을 맡았다. 원감은 임정과 이르쿠츠크파 고려공산당에서 활동하던 최창식이었다. 이 학원에서 개설한 과목과 교사진은 영어 김규식, 여운형, 현정건, 수학·산학 최창식, 서병호, 중국어 김문숙金文淑, 국어·국사 김두봉金枓奉 등이었다. 교사진의 대부분이 임정에서 독립운동을 한 경력이 있었다.

고등보수학원은 1년 뒤인 1925년 9월 초급 3학년, 고급 2학년의 삼일공학三一公學으로 이름을 바꾸었다. 좀 더 민족적인 색채를 드러낸 것이다. 처음에는 삼일중학으로 이름을 바꿀 계획이었다. 중학이나 공학이라는 이름을 쓴 것은 사설학원에서 한인들의 공립 중학으로 전환되었음을 의미한다. 김규식은 이 학교에서도 교장을 맡았다.

그렇지만 교육 운동에 전념하려는 김규식의 계획은 뜻하지 않은 사태에 맞닥뜨리게 되었다. 1925년 7월부터 조계 경찰이 김규식을 체포하려고 한 것이다. 발단은 김규식이 1925년 5월 중국공산당의 지도 아래 있던 중국학생연합회에서 발간하는 『연합聯合, Union』에 중국의 외국 신문 특히 영국계 신문을 통렬하게 비판하는 글을 실은 것이었다. 처음에는 영국, 미국, 일본이 공동으로 관장하는 공동 조계 경찰이 김규식을 체포하려고 했다. 한 달 이상이나 체포를 시도했지만 김규식이 프랑스 조계에 거주하고 있었기 때문에 여의치 않자 프랑스 조계 경찰에 협조를 요구했다. 프랑스 조계 경찰도 김규식을 '과격파'로 간주하고 김규식의 체포에 동의하고 가택 수색까지 했다.

게다가 9월에는 무기와 탄약을 수송했다는 이유로 3개월의 징역형을 살고 출옥한 한 영국인과 김규식이 밀접한 관계를 맺고 있다는 혐의가 더해졌다. 자신은 교육 운동에 전념하겠다고 생각했지만 주위의 상황은 김규식을 계속 과격파로 몰아가고 있었다. 상하이에 계속 머무는 한 과격파로 체포되는 것은 시간 문제였다. 더 이상 상하이에서 공개적인 활동을 하기 어려운 상황이 된 것이다. 따라서 김규식은 상하이를 떠나 텐진으로 갔고 마침 텐진에 있는 국립 베이양대학北洋大學에 취직할 수 있었다. 이후 김규식은 텐진과 상하이를 오가면서 활동을 벌였다.

민족유일당 운동과 중국 혁명에의 참가

톈진에 간 뒤 몇 달 동안 김규식은 자신의 의지와는 상관없이 독립운동의 일선에서 물러나 있었다. 그러다가 다시 김규식의 이름이 등장하는 것은 1926년 초이다. 1926년 3월 당시 대표적 사회주의 단체 가운데 하나인 서울청년회의 사상 단체 전진회가 블라디보스토크에서 비타협적 민족유일당 운동 단체인 민족당주비회를 결성했다. 그런데 경찰 문서에 따르면 김규식이 민족당주비회에서 중요한 역할을 했다는 것이다.

실제로 김규식은 당시 중국에서 거세게 일어나고 있던 민족유일당 운동에 앞장섰다. 1925년 4월 서울에서 비밀리에 출범한 조선공산당은 같은 해 11월부터 시작된 제1차 조선공산당 탄압 사건을 겪은 뒤 1926년 2월부터 "민족, 사회 양 운동자를 통일하는 국민당"을 조직하는 방침을 실행에 옮겨나갔다. 국민당이라는 이름에서도 알 수 있듯이 조선공산당은 중국에서 국민당과 중국공산당의 합작이 이루어진 것처럼 독립을 부정하지 않는 나라 안팎의 운동세력을 망라하는 당 조직을 만들 계획을 갖고 있었다. 이 계획의 일환으로 1926년 4월 '조선국민당 중앙집행위원회'의 소집이 추진되었는데 김규식은 안창호와 함께 개인 자격으로 초청대상이 되었다. 물론 이 회의는 열리지 못했지만 특정한 단체에 속하지도 않았고 일정 기간 운동의 일선에서 물러났음에도 불구하고 조선공산당은 여전히 독립운동 진영 안에서의 김규식의 대표성을 인정하고 있었다.

이어 1926년 6·10만세운동이 일어나자 김규식은 송병조, 이유필 등과 함께 상하이에서 보고 연설회를 계획했다. 그리고 7월 16일에 열린 6·10만세운동 보고 연설회에 연사로 나선 안창호는 작은 이익을 버리고 민족 구제를 위해 싸워야 할 유력한 단체를 조직하고 단결을 도모하자는 취지의 연설을 했다. 민족유일당 운동의 불길이 상하이에서도 타오르기 시작한 것이다.

민족유일당 운동이란 그동안 임정의 고수니 개조니 창조니 하고 분열되었던 독립운동 진영을 통일해 좌우를 망라한 정당 조직을 만든 뒤 이 당으로 국민당이 중국 정부를 통제하듯이 임정에 대한 이당공작以黨工作을 펴는 한편 전투적인 독립운동을 전개하려는 일련의 움직임을 가리킨다. 늘 운동의 통일을 강조하던 김규식으로서는 민족유일당 운동이야말로 바라마지 않던 것이었다. 이에 김규식은 다시 운동의 일선으로 복귀했다. 그러면서 자신의 활동 방향을 두 가지로 잡았다.

하나는 민족유일당 운동에 적극 참가하는 것이었다. 1927년 4월 11일 상하이에서 좌익·우익인사 40여 명이 참가한 가운데 한국유일독립당 상해촉성회 창립 총회가 열렸다. 김규식은 홍진洪震, 이동녕李東寧, 조완구趙琬九, 최창식, 오영선, 안공근安恭根, 김구, 윤기섭尹琦燮, 송병조, 홍남표洪南杓, 조봉암曺奉岩, 김두봉, 정백鄭栢, 현정건 등과 함께 집행위원으로 선출되었다. 상해촉성회의 활동방향과 목적은 민족유일당을 조직하는 데 있었다. 창립 총회에서는 "일어납시다. 개인은 단체로, 단체는 유일당으로 하루바삐 완성케 합시다"라는 창립 선언과 "민족유일당 조직을 촉성할 것. 민족의 독립 역량을 집중하는 데 노력할 것" 등을 내용으로 하는 강령이 채택되었다.

그러나 1927년 말 중국의 정세가 급변하기 시작했다. 민족유일당 운동에 큰 영향을 미친 국공 합작에 파열음이 나기 시작한 것이다. 국민당의 탄압에 대응하기 위해 중국공산당은 광저우에서 대규모 봉기를 일으켰다. 그러나 광저우봉기가 실패하면서 중국 안의 정치 판도는 국민당의 절대 우위 상황으로 재편되었다. 국민당의 탄압을 피하기 위해 많은 좌익 인물들이 상하이로 몰려들었다. 그 결과 상하이의 독립운동 진영 안에서도 좌익의 목소리가 커졌다. 그러면서 민족유일당을 통해 좌우를 통합하는 지도 노선을 확립하겠다는 시도도 제대로 된 결실을 맺지 못한 채 좌절되고 말았다.

다른 하나는 1920년대 중한호조사에서의 활동을 더 확대해 제국주의의 식민 지배를 받거나 받을 위험에 처한 아시아 여러 민족의 연대를 모색하는 것이었다. 1927년 2월 유자명柳子明 등과 함께 아시아의 피압박 민족이 제국주의 침략에서 벗어나 완전 독립을 쟁취할 것을 목표로 하는 동방피압박민족연합회東方被壓迫民族聯合會를 결성하고 회장이 된 것도 그 일환이었다. 여기에는 영국의 식민 지배를 받고 있는 인도인과 일제의 침략 위기에 직면하고 있는 중국인도 참여했다.

김규식은 중국인을 비롯한 피압박 민족과 연대해 반제 투쟁의 일환으로 항일 운동을 전개해야만 효과적인 독립운동을 전개할 수 있다고 생각했다. 일제가 중국을 침략하는 데도 독립운동은 활로를 찾지 못하는 상황에서 독립운동의 무대가 중국 영토인 이상 중국인의 협조와 이해 없이는 항일 운동이 불가능하기 때문에 일제와의 투쟁에서 한인과 중국인의 연합 전선이 가장 효과적인 운동 전략이라고 판단한 것이다. 이 연합회는 기관지로 한글, 중국어, 영어로 된 『동방민족』을 발간해 한인, 중국인, 인도인에게 배포하는 한편 비밀리에 여러 지부를 설치했다.

중국인과의 연대를 모색하려는 생각은 더욱 구체적인 형태로 드러났다. 1926년 7월부터 국민당에 의해 시작된 이른바 북벌전쟁北伐戰爭에 직접 참가한 것이다. 당시 중국의 오랜 수도인 베이징을 장악한 것은 위안스카이가 육성한 북양 군벌이었다. 장쭤린張作霖, 우페이푸吳佩孚 등의 군벌 정권을 무너뜨리지 않고서는 국민 혁명을 완수할 수 없다고 판단한 장제스蔣介石는 북벌을 선언하고 혁명군에 총동원 명령을 내렸다. 이전부터 국민당 좌파인 랴오중카이廖仲愷, 탄핑산譚平山 등과 친하게 지내던 김규식은 국민당이 중국 혁명을 완수하고 나면 독립운동을 지원해줄 것이라는 기대를 갖고 다시 직접 중국 혁명에 참여하기로 결심했다. 김규식 스스로 "1927년에 무창武昌, 한구漢口에서 북벌군에 합류하여 나중에는 유진화劉振華 부대의 일원으로 북경 근처의 통주通州까지 올라갔음"이라고 밝힌 것 말고는 더 이상 자세한 내용을 알 수는 없지만 적어도 국공 합작이 깨지기 전까지는 중국 혁명의 성패가 독립운동의 진로와 불가분의 관계에 놓여 있다고 생각하면서 한중 연대를 모색하고 있었음을 알 수 있다.

랴오중카이

탄핑산

그런데 1928년 이후 갑자기 독립운동과 관련된 김규식의 행적이 거의 보이지 않게 된다. 유일한 예외는 1928년 3월 이동녕, 오영선 등과 만나 재정난을 겪고 있는 임정을 유지하기 위한 대책을 협의한 것이다. 그 결과 4월에는 김규식이 직접 나서서 상하이에서 사업을 벌이고 있던 '재미중의 지인'에게 임정에 대한 기부 문제를 부탁했다고 한다. 이것이 1920년대의 마지막 활동이었다. 이후 김규식은 주로 톈진에 머물면서 다시 정세의 변화를 예의 주시하며 시간을 보냈다.

독립운동 진영의 통일과 한중 연대를 향한 큰 걸음 05

1930년대 초의 국제정세 인식

민족유일당 운동이 실패하고 다시 좌익과 우익이 나뉘는 상황에서 김규식은 일시적으로 독립운동의 일선을 떠났다. 그 와중에 중국에서 낳은 작은 딸이 1927년에 세상을 떠나는 아픔을 겪었다. 1928년에는 막내아들 진세鎭世가 태어났지만 1930년에는 큰딸이 또 세상을 떠났다. 큰아들 진동에 이어 두 딸을 먼저 보내고 김규식은 마음의 상처가 컸을 것이다.

1928년부터 몇 년 동안은 톈진에 체류하면서 베이양대학 교수로 재직했다. 베이양대학은 1895년에 중국 최초의 근대적 대학으로 출범한 학교였다. 1913년에 국립 대학이 되었으며 동양의 코넬대학Cornell University으로 불릴 정도로 미국 지향적이었다. 그리고 1930년에는 역시 톈진에 소재한 명문 사립 난카이대학南開大學에서 영어와 역사를 강의했다. 그만큼 학자 김규식의 이름은 널리 알려져 있었다.

텐진과 베이징을 오가면서 동지들과 독립운동의 방침을 논의하고 정세의 변화를 관망하던 김규식이 다시 전면에 등장한 것은 1932년부터였다. 1931년에 일어난 만주사변 이후 국민당 정부의 대일 유화 정책에도 불구하고 중국 민중 사이에는 반일 열기가 높아지고 있었다. 김규식은 이제 한중 연대의 분위기가 무르익었고 더 나아서는 전면적인 항일 투쟁 가능성이 높아졌다고 판단했다.

1933년 초에 미국에서 영어로 쓴 『원동 정세The Far Eastern Situation』라는 작은 책자에는 이러한 생각이 잘 담겨 있다. 이 글에서 김규식은 이전에 쓴 글에 비해 한국이 처한 객관적 상황은 물론 국제 정치의 현실에 대해서도 한층 더 세밀하게 분석했다. 특히 중국을 둘러싼 열강의 미묘한 힘의 구도를 설명하고 이러한 상황을 이용해 일본이 강공책을 펼치고 있음을 분석한 대목은 김규식 특유의 정세 판단 능력을 잘 보여준다. 김규식은 "일본은 중국이 약해지면 중국의 이권 쟁탈에 뛰어드는 열강과 경쟁해야 하고 중국이 강해지면 중국에 의한 보복이 가해질 것이므로 이것이 일본의 딜레마"라고 보았다. 역으로 해석하면 중국의 이권을 노리는 열강의 입장에서도 중국이 강해지는 것과 일본이 강해지는 것은 모두 피해야 하기에 중국과 일본이 대립할 때 모호한 태도를 취할 수밖에 없었다는 것이다.

김규식은 일본이 이러한 허점을 이용해 동아시아의 공존이라는 거짓 명분으로 열강을 기만하고 있다는 점을 통렬하게 비판했다. 동아시아에서는 만주사변에 이어 또 다른 전쟁이 일어날 가능성이 있는데 파국을 피하기 위한 열강의 외교 노력에도 불구하고 일본의 팽창 정책을 막기에는 한계가 있다는 것이다. 김규식은 이제 일본이 중국마저 점령하면 세계 시장의 3분의 1을 점령하는 것이므로 국제연맹의 경제 봉쇄 정도는 무시해 버릴 것으로 내다보았다. 결국 김규식이 주장하려는 바는 "중국이 한국과 공조하여 대일 항쟁을 주도하는 가운데 미국을 비롯한 열강이 중국에 대해 물적 지원을 하는 것이 가장 이상적인 원동 문제의 해법"이라는 구절에 집약되어 있다. 김규식은 미국이 제대로 된 동아시아 정책을 펴기만 한다면 일본과의 예상되는 전쟁에서 승리할 수 있다고 전망했다.

　김규식의 정세 인식 가운데 미국의 승리 이후 한반도 문제를 언급한 부분도 눈여겨 볼 대목이다. 실제로 김규식은 일본의 패전 이후 한국의 자주권을 안전하게 보장받는 길은 열강의 개입 없이 중국의 대일 항전 참여와 한중 연합 전선의 전개에 의해 전쟁이 끝나야 가능하다고 보았다. 국내외 친미파들이 미국에 일방적으로 의존한 것과는 달리 김규식은 미국에 대한 기대와 우려를 동시에 갖고 있었다. 해방 뒤에도 그랬던 것처럼 이미 미국 등 외세의 간섭을 최대한 배제하는 자주 독립의 문제에 대해 치열하게 고민하고 있었던 것이다. 민족 스스로의 힘으로 외세를 적절히 이용해 자주 독립을 이루자는 생각은 의미심장한 변화였다.

　이러한 정세 인식을 바탕으로 1932년부터 김규식은 두 가지 방향의 활동을 모색했다. 하나는 자신의 오랜 믿음이기도 한 독립운동 진영의 연대와 통합을 이루기 위해 직접 나서서 동지를 규합하는 일이었다. 다른 하나는 중국 민중 사이에서 반일 열기가 높아지는 상황을 적극 활용하기 위해 이전과는 다른 차원의 한중 연대를 이루는 것이었다.

중국과의 긴밀한 연대

일제는 만주사변에 이어 1932년 1월 상하이사변을 일으켰다. 그러자 상하이를 중심으로 반일열기가 더욱 고조되었다. 이제 독립운동의 새로운 활로를 모색하는 계기가 마련되었다고 판단한 김규식은 1932년부터 상하이에서 만주 조선혁명당의 최동오崔東旿, 상하이 한국독립당의 이유필과 만나 침체된 독립운동을 다시 살릴 방침을 논의하기 시작했다. 이때 김규식의 직책은 베이징의 '한국광복동지회' 대표였다. 현재로서는 한국광복동지회의 실체를 정확하게 알 수 없지만 베이징·톈진 지역의 독립운동 단체였던 것으로 보인다.

원래 김규식은 한국의 독립을 이루고 중국의 영토를 회복하기 위해 각지의 한인 교민 단체를 통합해 상하이에 한교韓僑연합회를 조직한 뒤 중국의 화교연합회와 손을 잡아 한중연합회를 조직해야 한다는 생각을 갖고 있었다. 그러나 최종적으로는 한교연합회를 새로 조직하는 것보다는 기존의 독립운동 정당·사회 단체를 통합하는 것이 바람직하다는 쪽으로 의견이 모였다.

김규식과 최동오는 난징의 한국혁명당과 의열단에도 통합 운동의 뜻을 알리고 동의를 얻었다. 그리하여 1932년 10월 12일 한국독립당 대표 이유필 송병조·김두봉, 한국혁명당 대표 윤기섭·신익희申翼熙, 의열단 대표 박건웅·한일래韓一來, 한국광복동지회 대표 김규식 등이 모여 연합주비위원회를 결성했다. 김규식은 김두봉, 박건웅, 신익희, 최동오와 함께 대표의 수와 자격에 관한 규칙 제정의 책임을 맡았다. 이틀 뒤

윤기섭

신익희

송병조

인 10월 25일 개최된 각 단체 대표 대회에는 한국독립당 이유필·김두봉, 의열단 박건웅·한일래, 조선혁명당 최동오·유동열, 한국혁명당 신익희·윤기섭, 한국광복동지회 김규식이 모여 김규식의 경과 보고를 들은 뒤 연합주비위원회에서 정한 한국대일전선통일동맹(이하 통일동맹)이라는 이름을 그대로 채택하기로 결정했다. 이상의 과정을 거쳐 통일동맹이 정식으로 출범한 것은 1932년 11월 10일이었다. 이때 김규식은 최동오, 신익희, 김두봉 등과 함께 상무위원을 맡았다.

　김규식 등은 11월 10일 발표된 결성 선언문을 통해 통일동맹을 "중국 지역 혁명 집단의 총 집합체"로 규정했다. 그러면서 일제 통치의 타도와 한국의 독립 자유를 쟁취하기 위한 급선무인 항일 전선의 통일에 구심적 역할을 할 것이라고 자임했다. 참여 범위도 중국뿐만 아니라 국내, 미주, 만주, 노령의 모든 한인 독립운동 세력으로 설정했다. 특히 항일 투쟁 역량은 "충실한 민중의 기초" 위에서 분출된다는 것을 인정하고 "직접 군사적 행동"을 궁극적인 투쟁수단으로 간주했다.

강령에서는 "우리는 혁명의 방법으로 한국 독립을 완성코자 한다. 우리는 혁명 역량의 집중과 지도의 통일로 대일 전선의 확대 강화를 기한다. 우리는 필요한 우군과 연결을 기한다"라고 해 항일 운동 전선의 통일과 국제적 연대가 가장 중요한 목표임을 밝혔다. 이러한 취지는 "동아시아의 시국이 대변동하는 비상시기를 맞이하여 국내외 각 방면의 혁명 역량을 총집합, 통일 조직을 완성하여 전투력의 충실을 도모한다. 한국 혁명자의 통일적 단결을 촉성하는 동시에 중국 혁명 동지와 긴밀히 연락하여 대일 공동 작전 계획을 수립하고 연합 전투 공작을 실행한다"라는 내용의 간장簡章에서 다시 한 번 드러났다. 아울러 "전담 요원을 각지에 파견하여 각 방면의 혁명 동지와 교섭하고 통일을 도모한다. 대중의 혁명 정신을 환기시키고 통일 조직과 한중 양 민족의 합작 필요성을 고취시킨다. 중국 혁명 지도자와 한중 양 민족의 합작 방침에 관한 협정을 체결하고 중국 민중에게 대일 연합 전선의 실현을 선전한다" 등의 구체적 실천 방안도 채택되었다.

결성 선언문, 강령, 간장, 구체적 실천 방안에서도 나타나듯이 통일동맹은 한인 독립운동 단체의 통일 전선 구축과 함께 중국 혁명 지도자와의 합작을 추구했다. 김규식은 1920년대 대미·대소 외교의 실패 경험을 바탕으로 통일 전선 구축과 한중 공조 그리고 대미 선전 활동 등을 실천하는 데 누구보다 적극적으로 나섰다.

실제로 일제는 김규식을 통일동맹의 '수령'이라고 보았다. 그만큼 1932년 상하이에서 독립운동 정당·사회 단체의 통합을 이끌어내는 데 김규식은 주도적인 역할을 하고 있었던 것이다. 통일동맹은 명실 공히 좌우가 연합해 결성한 기구였다. 당시 의열단은 국민당의 지원 아래 난징 근처에 조선혁명군사정치간부학교를 설치해 1기생을 훈련시키고 있었는데 그런 의열단까지 끌어들임으로써 독립운동의 역량을 끌어올릴 수 있는 토대를 마련했다.

늘 무장 투쟁 노선을 중시했던 김규식은 통일동맹의 활동, 더 나아가서는 전체 독립운동에서 의열단이 차지하는 위상을 높게 평가했다. 더욱이 김규식이 1933년 난징으로 가 국민당의 간부 육성 기관인 중앙정치대학에서 영어 강의를 담당하면서 당시 난징에 머물고 있던 의열단 지도자 김원봉과 교류할 기회도 많아졌다.

중앙정치대학에 재직하고 있을 때 김규식은 강의와 독립운동이라는 두 가지 활동을 하느라 정신없이 바쁜 시간을 보냈다. 미국의 동지에게 편지를 쓰면서 "긴급한 문제에 관해서는 대부분 이야기한 것 같습니다. 그리고 이제 학교에 수업하러 가야 하기 때문에 여기에서 이만 끝맺어야만 합니다"라고 쓴 데서 당시 김규식의 일상생활의 한 단면을 엿볼 수 있다.

이처럼 바쁜 와중에도 의열단이 운영하고 있던 조선혁명군사정치간부학교의 행사에는 지속적으로 참여했다. 1933년 9월 16일 열린 2기생 입학식에서는 학생들을 상대로 '세계 정세와 민족 혁명의 전도'라는 제목의 강연을 했다. 이날 입학식에 참석한 학생 가운데는 나중에 항일 음악가로 유명해지는 정율성鄭律成도 있었다. 정율성의 외숙모는 김순애의 동생인 김필례金弼禮였으므로 정율성은 김규식에게 인척이 되는 셈이다.

정율성

김필례

게다가 정율성은 자신이 중매를 서기도 한 통일 전선 운동의 동지 박건웅의 처남이기도 했다. 김규식으로서는 정율성이 참석한 입학식에서 개인적으로 남다른 느낌을 가졌을 것이다.

이어 1935년 4월 1일 열린 조선혁명군사정치간부학교 제3기 개학식에도 참석해 한중 합작, 조국의 독립 및 만주 탈환 등을 주요 내용으로 하는 축사를 했다. 특히 제4기 개학식은 조국의 서울에서 거행하자는 김규식의 말에는 독립에 대한 희망이 넘쳐흘렀다.

민족 내부의 통일 전선 구축과 더불어 김규식은 한중 연대를 위한 활동도 병행했다. 통일동맹을 결성할 때부터 중국 민중과의 공조를 강화하기 위해 중국의 민간 항일 단체인 중화민중자위대동맹과 제휴하겠다는 구상을 갖고 있었다. 그 결과 1932년 11월 14일 중한민중대동맹(이하 중한동맹)이 출범했다. 중한동맹은 "중국의 실지失地 회복과 한국의 독립 완성을 통해 진정한 자유 평등의 인류 사회를 실현하는 데" 목적을 두고 있었다. 활동 지침으로는 "중한대일연합군中韓對日聯合軍을 조직해 일체의 반일 세력을 연합시키고 민중의 반일 운동을 확대할 것"을 내세웠다.

중한동맹은 중앙집행위원의 연명으로 발표된 선언문에서 "일본의 극악무도한 신·구 군국주의자 및 정치인들을 절멸함으로써 중국과 한국 및 일본 민족까지도 일본 군국주의자들의 질곡에서 구출하는 데" 동맹의 목적이 있다는 점을 분명히 했다. 아울러 "원동에서 일어날 또 한 번의 세계 대전을 합심하여 회피하기 위해 국제연맹 회원국과 그 국민뿐만 아니라 비회원국 국민과도 연합할 것"을 제안했다.

중한동맹의 중앙집행위원은 한국 측 김규식, 박건웅, 유동열, 이유필, 신익희, 중국 측 우산吳山, 딩차오우丁超五 등이었다. 그렇지만 실제 조직의 실무를 맡은 것은 총무·군무부장 유동열, 외교부장 김규식, 재무·조직·선전부장 박건웅, 군사·특무부장 이유필로 모두 한인이었다. 한국 측 중앙집행위원으로 각 부서의 책임을 맡은 김규식, 박건웅, 유동열, 이유필, 신익희는 동시에 통일동맹의 간부이기도 했다. 따라서 두 조직이 대상만 달리 했지 동일한 주체에 의해 추진된 것임을 알 수 있다.

중한동맹의 실질적인 활동은 통일동맹의 주도 아래 전개되었다. 활동이라고 해봤자 미주에서의 김규식의 활동 외에는 거의 확인되지 않고 중국 측 중앙집행위원의 이름도 결성 당시의 선언문 외에는 더 이상 등장하지 않는다. 곧 중한동맹은 형식적으로는 중국과의 공조 형태를 취했지만 사실상 통일동맹의 전략적 필요에 의해 통일동맹의 대외 활동을 위한 창구역할을 했던 것이다. 두 동맹의 결성 및 활동을 주도한 김규식으로서는 한중 공조 활동과 대미 선전 활동을 통일동맹의 이름으로 하는 것보다는 중한동맹의 이름으로 하는 것이 여러 모로 효율적이라고 판단했을 것이다.

김규식은 중국 측 민간 단체와의 유대 외에도 국민당 핵심 인사들과

덩제

도 긴밀한 관계를 유지했다. 이는 1933년 초 국제 연맹 임시 총회를 앞두고 국민당 정부가 만주 문제에 대한 국제 여론을 환기하고 국제적 지원을 호소할 목적으로 민간 사절단을 파견할 때 김규식을 수석 전권으로 인정하고 경비를 지원한 데서 단적으로 드러났다. 김규식이 미국에서 돌아온 뒤 하와이의 한길수韓吉洙에게 보낸 편지에서 장제스의 밀사로 미국을 순방중인 덩제滕杰와 만날 것을 권한 것도 마찬가지이다. 덩제는 흔히 '장제스의 13무사太保'라고 불리던 측근 가운데 한 사람으로 장제스의 비밀 조직인 삼민주의역행사의 서기 겸 상무간사였다. 그런 덩제의 동정을 알고 또 회동을 권한 것은 김규식이 국민당 인사들과 이미 상당한 정도로 인적 연결을 구축하고 있었음을 의미한다. 1933년부터 외국인으로서는 이례적으로 중앙정치대학의 교수가 될 수 있었던 것도 국민당 정부가 김규식의 외교 능력을 높게 평가하였기 때문에 가능한 일이었다.

미국에서의 성공적인 외교 선전 활동

통일동맹과 중한동맹을 만드는 데 큰 역할을 했던 김규식은 1933년 초 미국 순방길에 올랐다. 국민당 정부가 파견한 민간 사절단의 대표였기 때문에 중국에 대한 미국의 지원을 호소하는 활동을 벌일 예정이었다. 그러나 이는 표면적인 것에 지나지 않았다. 실제로는 한인 동포 사회와 화교 사회를 대상으로 통일동맹과 중한동맹을 선전함으로써 두 동맹의 미주 지역 지부를 만들고 두 동맹에 대한 지원금을 모으는 데 목적이 있었다. 김규식으로서는 13년 만의 미국행이었다. 13년 전에 미국을 떠날 때는 미국에 대한 실망으로 소비에트 러시아와 코민테른에 대한 기대가 있었지만 이제 미국으로 가면서는 한중 연대에 대한 기대를 품고 있었다.

첫 기착지인 로스앤젤레스에 도착한 것은 1933년 3월 10일이었다. 그리고 같은 해 4월 말까지 로스앤젤레스에 체류하며 '선전 수완가'라는 평을 들을 정도로 활발한 활동을 벌였다. 현지의 한인 동포 사회와 화교 사회로부터의 초청이 끊이지 않았다. 1933년 4월 5일에는 로스앤젤레스 정계의 유력자들로부터 초청을 받아 500여 명의 미국 사회 지도층을 상대로 강연을 했다. 이 강연은 라디오로 생중계되었고 이튿날 로스앤젤레스의 각 신문에서도 호평을 받았다.

로스앤젤레스에서 시작된 김규식의 순회 활동은 1933년 8월 말까지 서부 지역에 산재한 한인·중국인 거주 지역을 거쳐 중서부 지역의 디트로이트, 시카고, 클리블랜드를 거쳐 동부 지역의 뉴욕과 워싱턴, 그리고 태평양의 하와이로 이어졌다. 김규식은 가는 곳마다 대한인국민회 지방 조직 및 각지 한인 사회, 그리고 국민당 미주총지부를 대상으로 한중 연합의 필요성과 통일동맹·중한동맹에 대한 지원을 호소했다.

김규식의 순회 활동에는 미주 지역 최대 세력이던 대한인국민회의 지지와 후원이 큰 도움이 되었다. 원래 안창호의 지지기반이던 대한인국민회와 『신한민보』가 김규식이 미국에 왔다는 사실을 대대적으로 홍

백일규

홍언

보하면서 전면적인 후원에 나섰다. 특히 김규식의 활동에 큰 도움을 준 사람은 대한인국민회 총회장 백일규(白一圭)와 대한인국민회 화교위원을 지내 화교 사회의 동향에 밝은 홍언(洪焉), 그리고 김규식의 대학 후배이자 1920년 구미위원부에서 같이 활동하던 송헌주 등이었다.

김규식은 침식을 잊을 정도로 자신의 임무에 열중했다. 가는 곳마다 강연을 하고 통일동맹·중한동맹의 지부 조직을 촉구했다. 김규식의 열정은 한인과 중국인 동포 사회에 깊은 감명을 주었다. 그 결과 곳곳에서 김규식의 호소에 호응하는 움직임이 일어났다. 1933년 5월에는 이미 대한인국민회 지방회 가운데 두 군데를 제외하고는 모두 통일동맹에 가맹하기로 결정했고 중부 캘리포니아와 로스앤젤레스의 한인공동회도 대한독립당으로 이름을 바꾸고 가맹을 의결했다.

김규식의 순회 활동은 그동안 침체되어 있던 한인 사회에 자극을 주어 새로운 질서가 나타나는 데 일조했다. 동포들의 성금도 이어졌다. 아직 세계 대공황의 여파가 다 가시지 않아서 모두 살림살이가 어려운 가운데서도 각지의 한인 사회가 성금 모금에 동참했다. 멕시코, 쿠바, 코스타리카 등지에서도 소식을 듣고 의연금을 모아 전달했다.

특히 순회 일정의 거의 마지막에 방문한 뉴욕에서는 대한인국민회를 비롯해 뉴욕의 거의 모든 한인 단체가 김규식의 활동을 지원했고 그 결과 선전 활동의 효과도 가장 집중적으로 나타났다. 1933년 6월 25일 뉴욕의 한인 5개 단체(대한인국민회, 대한인동지회, 대한인교민단, 학생회, 노동상조회)가 연합해 통일동맹 뉴욕지부를 결성하고 매년 의무금과 인구세를 거두기로 결의했다. 그동안 주로 가맹의 형태로 동참한 데서 한 걸음 더 나아가 단체들이 연합해 지부를 결성한 것은 주요한 성과였다.

뉴욕에서의 활동을 성공적으로 마무리한 김규식은 다시 로스앤젤레스로 돌아와 1933년 7월 8일 하와이로 출발했다. 미국 순회 활동의 마지막 일정이었다. 당시 한인 동포의 최대 거주지이던 하와이에서도 하와이국민회와 하와이동지회의 양대 단체가 통일동맹에 가입했다. 김규식은 하와이에 머물고 있는 동안 미군 정보 당국자와 기밀 회담을 갖기도 했다. 나중에 중한동맹 비밀요원으로 활동하는 한길수에 따르면 1933년 4월 20일 미국 육군장관에게 "미일간 전쟁은 불가피하니 한국에 무기와 물자를 지원하라"는 내용의 편지를 보냈는데 이 제안과 관련해 미군 당국자가 김규식을 만나 한인에 대한 지원 문제를 논의했다는 것이다.

6개월에 걸친 순회 활동 결과, 김규식은 통일통맹의 대중적 기반 확보와 가맹 단체의 확대라는 목표를 이룰 수 있었다. 아울러 이때의 순회 활동은 김규식 개인에게도 지지 기반의 확보라는 부수적 효과를 낳았다. 실제로 1937년에 통일동맹이 민족혁명당으로 개편되는 과정에서 김규식이 미주 대표로 참가할 수 있었던 것도 이때의 순회 활동과 무관하지 않았다. 이때 형성된 김규식의 지지 세력은 1940년대 민족혁명당의 미주지부로 이어졌다.

한편 김규식은 중한동맹의 이름 아래 중국인을 대상으로 한중 연대를 강화하기 위한 활동도 벌였다. 중국인에 대한 선전 활동을 지원하기 위해 백일규, 홍언 등 현지의 한인 지도자들이 적극 나섰다. 미국의 중국계 신문도 김규식의 순회 활동을 그때그때 보도함으로써 화교 사회의 관심을 높였다. 그 결과 샌프란시스코에서는 각 방면의 중국인 지도자들이 참여한 중한동맹주비회가 결성되었고 뉴욕에서는 한중합작으로 중한동맹 뉴욕지부가 결성되었다.

김규식의 순회 활동이 거둔 성과는 단지 통일동맹과 중한동맹의 외연을 넓히는 데 그치지 않았다. 김규식은 미국 전역을 순회하면서 자금을 모았다. 통일동맹의 이름으로도 모금을 했고 중한동맹의 이름으로도 모금을 했다. 김규식이 미국에서 모은 자금의 전체 규모에 대해서는 다른 기록이 많아서 확정하기 힘들다.

1933년 9월 현재 정확하게 확인되는 금액은 김규식이 직접 휴대하고 온 중한동맹 특별 의연금 800달러뿐이다. 이 가운데 각종 경비를 제하고 남은 700달러를 중국 돈으로 환전한 금액이 2,000원이었다. 김규식은 이 가운데 1,000원을 만주에서 일본군과 전투를 벌이고 있던 한국독립군(총사령 지청천)과 조선혁명군(총사령 양세봉梁世奉)을 지원하는 데 썼다. 남은 돈 가운데 700원은 의열단의 지원 자금으로 쓰였고, 300원은 통일동맹의 사업비로 쓰였다.

김규식은 미국에서 돌아온 직후 임정과 국민당 정부에 만주의 무장

투쟁에 대한 지원을 요청하기 위해 난징에 머물고 있던 한국독립군의 신숙과 김상덕을 만나 한국독립군과 조선혁명군에 대한 지원금을 전달했다. 신숙과 김상덕이 김규식의 난징 도착 예정일을 미리 알고 기다렸던 것으로 보아 만주의 독립군과 김규식 사이에는 긴밀한 연락 체계가 있었을 것이다. 김규식도 그랬지만 통일동맹과 중한동맹이 모두 무장 투쟁 노선을 지향하고 있었기 때문에 한국독립군, 조선혁명군, 의열단이 미국에서 힘들게 모금한 자금을 지원하는 주된 대상이 된 것이다.

지청천

그런데 통일동맹의 1차 결산 보고에는 2차 대표 대회(1934년 3월 1일)까지의 결산 총액 682원 가운데 중한동맹의 지원금이 300원으로 나온다. 김규식이 미국에서 갖고 온 현금 가운데 통일동맹 지원용으로 지출한 돈일 것이다. 또한 각 가맹 단체 납입금 280원 가운데 대한인국민회총회의 납입금만 165원이었다. 따라서 사실상 통일동맹의 자금은 대부분 김규식의 활동에 의해 마련된 것으로 보인다.

양세봉

그리고 결산 보고서를 통해 이러한 자금 지원이 일회성으로 끝나지 않고 지속적으로 이루어졌다는 사실도 확인할 수 있다. 2차 결산 보고서에 다음 회기 예산 총액은 3,950원으로 급증했다. 그 가운데 가맹 단체 납입금이 3,550원이었는데 당시 중국 관내 가맹 단체의 사정이 어려 웠다는 점을 감안하면 미국으로부터의 지원금을 상정하고 책정된 액수 였을 것이다.

대한민국임시정부의 외무장으로

1932년 4월 29일 상하이 홍커우공원虹口公園에서 일어난 윤봉길尹奉吉의 거는 독립운동의 흐름을 바꾼 쾌거였다. 임정과 독립운동에 대해 세계의 이목이 집중되었다. 국민당 정부와 중국 민중으로부터도 큰 호응을 얻으며 독립운동은 활력을 되찾을 수 있었다. 그러나 동시에 임정에는 큰 위기가 찾아왔다. 일제는 상하이의 독립운동 세력을 대대적으로 탄압했다. 의거 배후 인물인 임정의 김구를 거액의 현상금까지 내걸고 체포하려고 했다. 일제뿐만이 아니라 임정을 과격파로 여긴 프랑스 조계 경찰도 일제에 협력했다. 안창호를 체포한 것도 프랑스 조계 경찰이었다. 그동안 프랑스 조계에서 임정이 활동하는 것을 묵인하던 프랑스 영사관은 임정 요인들에게 계속 보호해 줄 수 없게 되었다며 다른 지역으로 피신할 것을 권했다. 결국 임정은 1932년 5월 13년 동안의 상하이 생활을 청산하고 상하이와 가까운 항저우로 옮겨갔다. 임정의 장정長征이 시작된 것이다.

장정 초기 임정을 이끈 것은 내무장 조완구, 외무장 조소앙, 군무장 김구, 법무장 이동녕, 재무장 김철 등이었다. 그런데 항저우로 옮긴 뒤에도 김구에게는 운신이 힘든 상황이 계속되었다. 이에 임정은 1933년

3월 김구와 이동녕을 해임하고 국무위원을 새로 선임했다. 김규식은 이때 송병조, 이승만, 윤기섭, 신익희, 최동오, 차리석, 이유필, 조욱曺煜과 함께 국무위원으로 선임되었다. 1921년 초에 임정을 떠난 지 12년 만의 복귀였다. 새로 선임된 국무위원 가운데 차리석이 내무장, 신익희가 외무장, 윤기섭이 군무장을 맡았다. 그렇지만 1933년 6월 김규식이 신익희를 대신해 외무장으로 선임되었다. 통일동맹을 같이 이끌던 최동오와 송병조도 각각 법무장과 재무장으로 새로 선임되었다. 통일동맹에 참여한 세력이 임정의 주류가 된 것이다. 이어 1933년 12월에는 송병조, 윤기섭, 조소앙, 양기탁, 조동호, 김철, 조욱, 성주식成周寔과 함께 다시 국무위원으로 선임되었다. 그리고 1934년 1월에 열린 임정 국무회의에서도 외무장으로 재신임을 받았다.

1934년 초 임정의 간부진은 내무장 조소앙, 외무장 김규식, 군무장 윤기섭, 법무장 최동오, 재무장 송병조로 짜여 있었다. 이 가운데 조소앙을 제외한 나머지 네 명이 모두 당시 통일동맹의 중앙집행위원이었다. 이처럼 임정 안에서 통일동맹의 영향력이 늘어난 데는 김규식이 미국에서 모금한 자금도 큰 영향을 미쳤다.

일제의 정보 문서에 따르면 김규식은 1933년 8월 미국에서 돌아온 뒤 미국으로부터 추가로 송금이 이루어지면 그 가운데 일부를 임정 부흥 자금으로 활용하려는 계획을 세웠다고 한다. 1934년 당시 임정은 자금난을 겪고 있었다. 그래서 미국에 재무행서를 설치하고 백일규, 송헌주 등을 재무위원으로 선정했다. 이들은 대부분 통일동맹에 동조하고 있던 인사들이었다. 따라서 이들의 지원을 이끌어내는 데는 김규식의 역할이 컸을 것이다. 1931년까지만 해도 임정의 지출은 2,300여 원에 불과했고 그마저도 대부분이 빚이었다. 그런데 재미 한인 단체의 재정 지원을 받으면서 1935년에는 지출이 5,594원으로 크게 늘어났다. 실제로 그 가운데 4,000원이 미주 지역으로부터 들어온 성금이었다.

김규식은 1934년 1월 다른 국무위원들과 함께 신임 국무위원 취임 선서를 발표했다. 선서에는 그동안 임정이 독립운동의 지도력을 제대로 발휘하지 못한 데 대한 반성과 아울러 "각 혁명 단체와의 공동 역량과 민중 의식을 기초로 하여" "통일적 대집단의 신조직"을 만들자는 제안이 담겨 있었다. 그러면서 김규식 등은 "쓸모없는 대립적인 싸움을 휴전하자"고 주장했다. 통일동맹을 바탕으로 한 새로운 조직 결성의 구상을 밝힌 것이다.

이러한 주장은 1934년 4월에 국무위원 명의로 발표된 '국내외 각 단체 및 민중 전체에 고함'에서도 거듭되었다. 김규식 등은 다시 한 번 '새로운 조직'의 필요성을 주장했다. 그러면서 새로운 조직의 요소를 내세웠다.

첫째, 임시의정원의 직권을 대행하기에 충족한 권위와 역량이 있을 것.
둘째, 민족 독립의 모든 운동선에 걸린 대소 단체와 무장 부대와 지방 역량을 집중 통제할 만한 중심 세력을 확립할 것.
셋째, 그 조직 기능을 진보적 의의로서 체계화·이론화·민중화하여 모든 허물과 폐해, 집착과 악습을 벗어던진 신선한 내용으로 적에 대항할 강력한 전투력을 갖춘 기구가 될 것.

넷째, 민족적 주권을 국토에 확립하는 즉시에 민주적 기초에 세운 경제·교육 및 정치의 균등화로써 새로운 국가를 건설할 만한 모든 계획에 공동한 인식을 가진 강력한 당으로서의 실력을 집중할 것.

한마디로 '강력한 당'을 만들어 임정을 물갈이하자는 것이었다. '임시의정원의 직권 대행'이나 '강력한 당으로서의 실력 집중'이라는 표현에서도 알 수 있듯이 김규식은 기존의 임정으로는 변화하는 정세에 맞추어 무장 투쟁을 포함한 효율적인 독립운동을 벌이는 것이 힘들다고 보았다. 이는 김규식뿐만 아니라 통일동맹에서 임정 국무위원으로 들어간 사람들이 보편적으로 갖고 있던 생각이었다. 당연히 기존의 임정을 지지하는 세력과 갈등이 생길 수밖에 없었다.

결과는 여전히 임시의정원을 장악하고 있던 임정 옹호파의 승리였다. 통일동맹을 새로운 정당으로 전환시키려는 움직임이 가시화되고 있던 1935년 4월 임정 국무위원 명의로 "정부의 폐지설을 무엄히 주장하여 여기에 끌리는 무리"를 "적의 뜻을 영합하여 주는 것"과 같다고 비판하면서 "현 임시정부를 옹호하고 지지하여 우리가 국토를 완전히 광복하고 국내에 들어가 정식 정부를 이루는 날까지 국통國統을 계승"할 것을 천명한 포고문이 발표되었다. 여기에는 당시 국무위원이던 김규식, 최동오, 송병조의 이름도 들어 있었다. 김규식으로서는 한편으로는 임정의 해체까지도 염두에 둔 신당 창당 움직임을 주도하면서 다른 한편으로 임정 외무장의 신분으로 임정을 마냥 부인할 수도 없는 곤혹스러운 상황이었을 것이다.

임정 문제를 둘러싸고 독립운동 진영이 둘로 나뉘는 것이 대세인 상황에서 김규식의 임정 복귀도 오래 가지 못했다. 1934년 9월 윤기섭이 국무위원에서 해임되고 1935년 1월 김규식의 측근인 송헌주가 미국재무행서 재무위원에서 해임된 것이 신호탄이었다. 1935년 9월에는 김규식도 최동오와 함께 국무위원에서 해임되었다. 그 직전에 임정 안에서는 김규식이 국무위원회에 참석하지 않은 것이 문제가 되었다. 김규식은 공식적으로 "미국에서 중국에 돌아온 이래로 모측의 주의가 더욱 심해 어떠한 공공장소에도 출두를 피했다"고 해명하면서 "앞으로도 가급적으로는 출두치 않으려 한다"라는 입장을 밝혔다. 통일동맹과 중한동맹 대표 자격으로 미국에 다녀온 뒤 감시가 심해져서 공적 활동을 하기 어렵다는 것이었다. 그렇지만 김규식만이 아니라 윤기섭, 최동오도 해임된 데서도 알 수 있듯이 임정에서 김규식 등을 배제하는 조치를 취한 것은 임정에 반대하는 세력이 모여 민족혁명당이라는 새로운 당을 만든 것과도 무관하지 않았다.

이어 1935년 11월에는 김구와 이동녕이 다시 임정 국무위원으로 복귀했다. 이동녕은 주석을 맡았고 김구는 김규식이 맡고 있던 외무장을 맡았다. 그리고 김구를 중심으로 한 임정 고수파는 한국국민당을 창당했다. 임정을 반대하는 세력과 임정을 고수하려는 세력이 명확하게 나뉜 것이다.

민족혁명당을 통해 힘을 모으다

김규식이 미국에서 순회 활동을 벌이는 동안 통일동맹은 사실상 활동을 중단하고 있었다. 김규식이 난징 귀환을 계기로 통일동맹은 다시 활기를 되찾고 본격적인 활동에 들어갔다.

 1934년 3월 1일부터 3일까지 한국독립당의 김철, 김두봉, 송병조, 신한독립당의 홍진, 윤기섭, 신익희, 조선혁명당의 최동오, 의열단의 박건웅, 미주 대한인국민회총회 대표 대리 김규식 등 12명이 참가한 가운데 통일동맹 2차 대표 대회가 열렸다. 이 대회에서는 연락 기관의 형태를 띤 통일동맹을 완전한 대동 단결체로 전환하는 문제가 집중적으로 논의되었다. 그 결과 "혁명 역량을 총집중하여 진실로 대일 전선의 통일 확대 강화를 도모하기 위해서는 현재와 같은 각 혁명 단체의 제휴만으로는 본동맹의 목적을 달성하기 불가능"하며 "종래와 같은 중앙 간부만의 기관에 국한시키지 않고 가맹 단체 소속 '다수 투사'를 집결시켜 적극적인 공작을 전개한다. 가맹 단체를 포함한 모든 혁명 단체를 해소하고 그 단원을 통일동맹에 귀속시켜 일원화한다. 이를 위해 임시정부도 폐지한다"는 데 의견이 모였다. 그리하여 '대동 단결 조성 방침'을 의결하고 "강력한 대동 단결체의 조직 실현"을 주요 강령으로 채택한 뒤 3월 5일 이러한 내용을 선언서에 담아 발표했다.

 이 대회를 계기로 통일동맹은 임정의 대체 기관으로서의 강력한 통일 정당을 만들 것임을 밝힌 것이다. 이 대회에서 김규식은 김두봉, 송병조, 윤세주, 최동오, 윤기섭과 함께 중앙집행위원회 상무위원으로 선임되었다.

통일동맹이 강력한 신당 창당으로 방향을 전환하게 된 데는 1933년 김규식의 미국 순회활동이 상당히 영향을 미친 것으로 보인다. 이는 통일동맹이 각 혁명 단체의 가맹 촉성과 전선 통일 공작, 임정과의 활동 연계, 중한동맹을 통한 한중 합작, 미주 지역 지부 설립과 대미 선전 활동, 활동 자금 모금, 한국독립군과 조선혁명군에 대한 자금 지원 등을 앞으로의 주요 활동방향으로 설정한 데서도 확인된다. 이는 대부분 김규식이 미국에서 벌인 활동과 겹치는 것이었다.

그런데 내부적으로는 임정 폐지까지 논의하면서 활동 방략 가운데는 '임정과의 활동 연계'를 포함시킨 것이 눈길을 끈다. 이는 임정 폐지가 독립운동 진영에서 큰 논란을 불러일으킬 것이 예상되는 상황에서 신당 창당 주도 세력이 애초에는 임정 문제에 단계적으로 접근하려는 의도를 갖고 있었음을 의미한다.

그러나 신당 창당 움직임은 결국 임정을 옹호하려는 세력과의 갈등을 불러일으켰다. 내부의 분열도 일어났다. 그동안 한 축을 이루던 한국독립당 안에서 임정의 존폐 문제를 둘러싸고 의견 대립이 일어난 것이다. 한국독립당은 종래 임정의 여당 역할을 자임해왔기 때문에 임정의 존폐 문제가 곤혹스러울 수밖에 없었다. 그 결과 송병조, 차리석, 조완구 등은 신당 참여 반대와 임정 고수를 결의했다. 신당 창당 주도 세력은 김구에게도 참여를 권유했지만 김구는 1935년 5월 임시의정원 의원들에게 발표한 성명서에서 신당 창당에 반대한다는 뜻을 분명히 하면서 임정을 고수할 것을 촉구했다. 이제 '모든 혁명 단체'를 망라해 통일 전선체로서의 신당을 만들겠다는 구상을 수정할 수밖에 없었다.

그리고 1935년 6월 20일부터 7월 3일까지 신당 창당에 동조하는 단체 대표들이 모여 각 혁명 단체 대표 대회를 열었다. 대회를 마치면서 조선혁명당, 의열단, 한국독립당, 신한독립당, (재미)대한독립당 대표 13명의 연명으로 우선 5개 단체를 해소하고 단일신당을 결성한다는 취지의 선언을 발표했다. 이어 7월 4일에는 전권대표 14명이 참석한 가운데 신당 창립 대표 대회가 열렸다. 이날 김규식은 김원봉, 김두봉, 윤기섭, 지청천, 최동오, 윤세주, 조소앙, 신익희, 김학규金學奎 등과 함께 중앙집행위원으로 선출되었다. 이어 7월 5일에는 결당식이 열림으로써 민족혁명당이 정식으로 출범했다. 이제 중국 관내의 독립운동 진영은 크게 임정과 민족혁명당으로 양분되었다.

차리석

김학규

당명과 관련해서는 처음부터 의견이 갈리어 결국 당내에서는 민족혁명당으로, 국내 민중에 대해서는 조선민족혁명당으로, 중국에 대해서는 한국민족혁명당으로 쓰기로 합의가 이루어졌다. 당명이 조선민족혁명당으로 통일되는 것은 한참 뒤인 1943년 무렵부터였다.

민족혁명당은 창립 대회 선언에서 민족의 혁명 역량 총단결, 민족적 무장 총동원 준비, 반일 동맹군 결성을 다짐했다. 통일동맹의 통일 전선론이나 한중 연대론의 계승 의지를 분명히 한 것이다.

창당 후 얼마 지나지 않아 내부 분열로 한국독립당 출신의 조소앙과 신한독립당 출신의 지청천 등이 이탈했지만 적어도 민족혁명당은 창당 초기에는 중국 관내 독립운동의 통일 전선체라는 성격을 갖고 있었다. 따라서 민족혁명당의 강령에는 좌파와 우파가 모두 동의한 최소한의 합의가 반영되어 있었다.

민족혁명당은 당의를 통해 "정치, 경제, 교육의 평등에 기초를 둔 진정한 민주 공화국을 건설하여 국민 전체의 생활평등을 확보"하겠다는 원칙을 천명했다. 그리고 "구적仇敵 일본의 침략 세력을 박멸하고 우리 민족의 자주 독립을 완성한다. 봉건 세력과 일체 반혁명 세력을 숙청하고 민주 집권의 정권을 수립한다. 소수인이 다수인을 박삭剝削하는 경제 제도를 소멸하여 국민 생활상 평등의 제도를 확립한다. 국민은 일체의 선거권 및 피선거권을 가진다. 토지는 국유로 하여 농민에게 분급한다. 대규모의 생산 기관 및 독점적 기업을 국영으로 한다. 국민 일체의 경제적 활동은 국가의 계획 하에 통제한다. 국적國賊의 일체 재산과 국내에 있는 적 일본의 공·사유 재산은 몰수한다" 등을 주요 내용으로 하는 16개 조항의 당강도 확정했다.

민족혁명당에서 추진하고자 한 민주 공화국의 핵심은 '봉건 세력과 반혁명 세력'을 몰아내고, 모든 국민에게 선거권과 피선거권을 주는 데 있었다. 또한 민족혁명당은 소수의 사람이 다수의 사람을 수탈하는 제도를 철폐하기 위해 모든 토지를 국유화해 농민에게 분배하고 대규모

생산 기관 및 독점 기업을 국영화하려고 했다. 민족 통일 전선을 이루는 데 필요한 최소한의 합의가 담긴 당의와 당강이었다. 그리고 거기에는 민족혁명당의 주류를 이루게 된 의열단의 견해가 상당 부분 반영되어 있었다.

처음에는 중앙집행위원회에서 따로 위원장을 선출하지 않고 합의제로 당을 운영하기로 했다. 김구의 입당을 염두에 둔 조치였다고 한다. 실질적으로 당 중앙 역할을 하는 중앙집행위원회 아래에는 실무 기관으로 서기부(부장 김원봉), 조직부(부장 김두봉), 선전부(부장 최동오), 조사부(부장 진의로), 훈련부(부장 윤기섭), 군사부(부장 지청천), 국민부(부장 김규식)를 두었고 따로 당의 살림을 책임질 서기장 제도를 운용했다.

당을 실질적으로 이끈 것은 서기장 겸 서기부 부장으로 당무를 총괄한 김원봉이었지만 김규식은 통일 전선 운동 조직으로서의 민족혁명당을 상징하는 인물이었다. 김규식이 당시 당의와 당강에 대해 어떤 생각을 갖고 있었는지 알 수 없다. 다만 자필 이력서에서 "김원봉과 그의 의열단이 헤게모니를 휘두르"는 데 대한 불만을 표시하면서도 민족혁명당의 노선 자체에 대해서는 특별한 이의를 제기하지 않았다는 데서 이 시기에 김규식이 민족 통일 전선이라는 대의 아래 진보적인 요구를 상당 부분 수용하고 있었음을 짐작할 수 있다.

쓰촨대학에서의 활동

김규식은 1933년 여름부터 국민당 간부 육성 기관인 중앙정치대학에서 영어를 가르치고 있었다. 중앙정치대학은 장제스가 한때 교장을 맡을 정도로 국민당 정부가 중시하던 대학이었다. 그런 대학에서 학생들을 가르쳤다는 것은 김규식이 국민당 정부로부터 보호와 지원을 받고 있었음을 의미한다.

그런데 민족혁명당이 출범한 지 얼마 되지 않은 시점인 1935년 여름이 지날 무렵 김규식은 난징을 떠나면서 중앙집행위원을 사직했다. 처음 당이 출범할 때는 국민부장을 맡았는데 사직할 때의 당내 지위는 훈련부장이었다. 사직원은 1935년 10월 20일에 열린 중앙집행위원회 6차 회의에서 수리되었다. 그렇지만 그 이전부터 당의 일에 관여하지 않았던 것으로 보인다. 두 달 전인 1935년 9월에 이미 난징에서 멀리 떨어진 쓰촨성四川省 청두成都의 쓰촨대학에 교수로 부임했기 때문이다.

오래전부터의 지론이었던 독립운동 진영의 통합이 자신의 참여 아래 부분적으로나마 이루어진 상황이었기 때문에 김규식의 사직은 놀라운 일이었다. 당시로서는 독립운동과 거의 무관한 곳이던 청두로 거처를 옮겼으니 독립운동 진영에서는 이런저런 이야기가 나올 수밖에 없었다. 비겁하다고 여기는 사람들도 있었을지 모른다. 그러나 김규식에게는 일시적으로라도 독립운동의 일선을 떠나야만 하는 사정이 있었을 것이다.

가장 먼저 생각해볼 수 있는 것은 당시 독립운동을 둘러싼 안팎의 정황이다. 당시 국민당 정부는 1933년 5월 31일 일제가 만주에 세운 괴뢰 국가 만주국의 국경을 인정하고 허베이성河北省 동북부에서 군대를 철수하는 내용의 탕구塘沽정전협정을 체결했다. 협정 체결 이후 국민당 정부는 선안내후양외先安內後攘外라는 구호 아래 일본에 대한 우호 정책과 중국공산당에 대한 강경 정책을 밀고나갔다. 이에 중국의 일반 민중과 학생은 심하게 반발했다. 전국 각지에서 항일 청원이 끊이지 않았다.

김규식이 난징을 떠난 1935년에 들어서도 대외 상황은 우호적이지 않았다. 국민당 정부는 일본을 회유하기 위해 중국 언론에 반일 기사나 일본 상품 불매 운동과 관련된 내용이 게재되는 것을 금지했다. 반일 여론을 주도하던 국민당 선전부장을 파면할 정도로 국민당 정부의 대일 유화 정책은 확고했다. 민족혁명당이 창당되던 1935년 6월과 7월에도 일본군이 중국의 화베이華北를 침략했지만 변변한 저항을 하지 못하고 도이하라土肥原賢二·친더춘秦德純협정과 허잉친何應欽·우메즈梅津美治郎협정으로 허베이성, 르허성熱河省, 차하르성察合爾省(현재의 내몽고 자치주)을 모두 일본에게 내주었다.

국민당 정부의 대일 유화 정책은 독립운동에 직접적인 영향을 미쳤다. 일제는 국민당 정부에 더 이상 독립운동가를 비호하지 말 것을 요구했다. 국민당 정부로 하여금 독립운동에 대한 지원을 포기하고 더 나아가서는 탄압을 가하라는 압박이었다. 국민당 정부로서는 일본의 요구를 받아들일 수밖에 없었다. 한인 청년들을 훈련시키던 군사 학교가 문을 닫았고 독립운동에 대한 재정 지원도 줄었다. 이러한 상황에서 국민당 정부는 김규식에게 안전을 위해 청두로 옮길 것을 권유했다.

일제는 김규식이 1933년에 미국 순회 활동을 벌일 때부터 김규식의 동정에 예의 주시하고 있었다. 일제로서도 중국에 대한 미국 정부와 미국인의 동향에 신경을 쓰지 않을 수 없는 상황이었는데 미국에서 민중 차원의 한중 연대를 선전하는 김규식이야말로 눈엣가시와도 같았을 것이다. 김규식이 1933년 4월 5일 로스앤젤레스에서 미국인 지도자를 상대로 한 강연이 큰 반향을 불러일으키자 현지의 일본계 신문이 즉각 김규식을 비난하는 기사를 실었고 일본 외무성의 상하이 총영사는 1933년 6월 12일자로 김규식의 동정을 낱낱이 기록한 장문의 보고서를 본국에 보냈다.

일제가 김규식을 얼마나 위험하게 여기고 있었는지를 보여주는 증거는 따로 있다. 김규식에게 10,000불의 현상금을 내건 것이다. 그리하여 국민당 정부의 보호에도 불구하고 1930년대 중반이 되면 김규식은 스스로 "미국에 건너가 중국에 돌아온 이래 모측의 주의가 더욱 심해 어떠한 공공 장소에도 출두를 피하고 있다"고 밝힐 정도로 활동에 제한을 받고 있었다.

물론 신분 위협이라는 원인 때문에 김규식이 난징을 떠나지는 않았을 것이다. 민족혁명당 안의 분열을 또 다른 원인으로 볼 수도 있다. 좌우 합작이 성사되었지만 다시 좌우가 나뉘는 현실은 김규식으로서는 참기 힘든 고통으로 다가왔을 것이다. 여기에 기대했던 중국과 미국 사이의 전쟁, 또는 미국과 일본 사이의 전쟁의 가능성이 국민당 정부의 대일 유화 정책으로 현저하게 줄어들었다는 것도 늘 독립운동을 둘러싼 국제 정세의 변화를 중시하던 김규식으로서는 실망스러운 상황이었다. 이에

한 걸음 떨어져서 정국의 변화를 바라볼 필요를 느꼈는지도 모른다.

그러나 늘 독립운동 진영의 단합과 통일을 위해 힘쓰자는 것이 김규식의 지론이었다는 것을 감안하면 민족혁명당 안의 분열과 좌우 합작의 좌절, 국제 정세의 변화만으로 청두행을 설명하기에는 부족한 듯하다. 김규식이 스스로 밝히지는 않았지만 건강 문제가 있지 않았을까 추론하는 것도 가능하다. 이미 40대 중반이 된 김규식은 어렸을 때부터의 만성병이던 위장병에 1921년 미국에서 뇌수술을 받은 뒤의 후유증인 간질병이 더해져서 심각한 건강상의 문제를 겪고 있었을 가능성이 크다.

난징을 떠나면서 민족혁명당 중앙집행위원은 사임했지만 당적은 그대로 유지했다. 이는 김규식이 민족혁명당과 독립운동에서 완전히 발을 뺀 것은 아니라는 사실을 의미한다. 청두에서의 김규식의 행적은 거의 알려져 있지 않았다.

쓰촨대학은 1896년 출범한 중서학당中西學堂이 모체로 중국에서 가장 먼저 국립 대학이 된 13개 대학 가운데 하나였다. 중일전쟁 기간에는 전국에서 우수한 교수와 학생이 모여들어 국립 10대학부의 하나로 꼽혔다. 1935년 9월 쓰촨대학이 중국 각지에서 교수를 초빙했다. 이때 김규식도 쓰촨대학 교수가 되었다. 담당은 김규식의 전문 분야인 영문학이었다. 나중에는 외문계外文係 주임을 맡았는데 쓰촨대학의 유일한 외국인 주임이었다. 그리고 쓰촨성 러산樂山에 있는 우한대학武漢大學 교수도 겸직했다. 당시 청두 일원에서는 김규식이라는 본명보다 김우사로 많이 알려져 있었다.

쓰촨대학에 재직하고 있을 때의 김규식은 학생들 사이에서 걸어 다

쓰촨대학 정문

니는 사전으로 불렀다. 그만큼 영어를 비롯해 여러 방면에 해박한 지식을 갖고 있다는 뜻이었을 것이다. 김규식은 학생 가르치는 일을 무척 사랑하면서도 엄한 선생님의 자세를 지켰다. 언더우드식 휴대용 타자기를 곁에 두고 시간만 나면 시를 짓고 책을 쓰는 것이 김규식의 일상생활이었다. 그렇다고 세상 돌아가는 데 눈을 감은 평범한 교수에 머문 것은 결코 아니었다.

김규식은 늘 독립운동을 둘러싼 정세가 어떻게 바뀌고 있는지 주시하고 있었다. 그런 가운데 쓰촨대학 학생들의 항일 운동을 적극 지지했다. 김규식이 재직하던 외문계는 쓰촨대학 안에서도 가장 항일 분위기가 강했다. 김규식은 수업 시간이면 일제에 대한 원한과 망국의 아픔을 이야기하고 때로는 일제에 빼앗긴 고향을 그리는 시구를 낭송했다. 중국의 고사도 즐겨 인용했다. 진왕秦王을 암살하려고 한 형가荊軻의 용감함이나 송의 명장 악비岳飛의 애국심을 언급하면서 거기에 빗대 한국 민족의 항일 운동과 빼앗긴 조국을 되찾으려는 의지를 강조하고는 했다.

이 무렵 김규식의 행적 가운데 또 하나 눈길을 끄는 것은 중국 항일 운동의 근거지 가운데 하나이던 청두에서 중국인 유력자들과 친교를 맺고 있었다는 사실이다. 쓰촨대학 교수이던 샤오위린邵毓麟과의 교류는 중국인 사이에서 꽤 알려져 있었다. 샤오위린은 규슈九州제국대학 출신의 일본통 지식인이었다. 김규식과는 잠깐 동안 쓰촨대학 교수로 같이 재직했지만 이때 한국의 독립운동에 대해 많은 이야기를 나누었다고 한다. 샤오위린은 나중에 국민당 정부 외교부의 일본·러시아과 과장, 정보사 사장, 주미 공사 등을 역임했고 1949년에는 대한민국 특명 전권 대사를 지냈다. 국민당 정부의 외교 관료로 부임하자마자 중국의 유력 신문 『대공보大公報』 등을 통해 한국의 독립을 지지하는 한편 연합국이 한국의 독립을 승인해야 한다고 주장했다. 특히 카이로 선언(1943)에서 드러난 것처럼 제2차 세계대전이 끝난 뒤 한반도를 연합국이 공동으로 관리하겠다는 안에 대해 강력하게 반대했다. 또한 주미 공사로 재임하고 있을 때는 미국 정부를 상대로 임정 승인 문제를 교섭하기도 했다. 샤오위린이 한국의 독립 문제를 둘러싸고 국제 무대에서 임정의 입장을 대변한 데는 김규식과의 교류가 적지 않은 영향을 미쳤을 것이다.

김규식이 거주하던 쓰촨성 우통차오五通橋(현재 쓰촨성 러산시 우통차오구)에는 김규식 같은 외국인이나 중국의 지식인·문인·예술가가 교류

우청지

하는 비공식 모임이 있었다. 김규식은 그 모임에서 중심 역할을 했다. 김규식은 중국의 문화·예술에 관심을 갖고 있어서 우청지吳成之, 량딩밍梁鼎銘 등의 유명한 중국 화가와도 깊은 인간적 교류를 맺었다. 이때의 인연으로 1945년 10월에 김규식이 영문 시집 『양자유경揚子幽境』을 출간하려고 집필을 끝냈을 때 량딩밍은 두 폭의 삽화를 그려주기도 했다. 우청지 등은 중국의 문화·예술에 해박한 김규식을 '중국통'으로 불러도 아까울 것이 없다고 평가했다. 그리고 우청지는 죽을 때까지 주위 사람들에게 김규식과의 우의를 이야기하면서 그의 학문적 깊이와 인품을 높게 평가했다고 한다.

청두에 있을 때 김규식은 일생에서 가장 왕성한 집필 활동을 벌였다. 이때 『엘리자베스 시대의 연극 입문Introduction to Elizabethan Drama』(1940)을 비롯해 『실용 영문 작법Hints on English Composition Writing』(1944), 『실용 영문 1~2Practical English, 2 vols』(1945), 그리고 중국의 근대 비극시 완용사婉容詞를 영어로 번역한 『완용사Wan Yung Tze』(1943) 등을 펴냈다.

대한민국임시정부 부주석 06

대한민국임시정부 선전부장

김규식은 쓰촨대학 교수로 있으면서 건강을 추스르는 한편 중국 지식인·문화인들과 깊은 교류를 하고 있었다. 그러는 사이 1937년 중일전쟁이 일어났고 전쟁은 중국 전역으로 확산되었다. 국민당 정부는 충칭重慶으로 옮겨갔다. 국민당과 중국공산당 사이의 제2차 국공 합작이 성립되어 중국공산당 홍군은 국민혁명군으로 편입되었다.

국제 정세만 바뀐 것이 아니었다. 중국 관내 독립운동 진영의 흐름도 급박하게 바뀌고 있었다. 민족혁명당에서 이탈한 조소앙 등의 한국독립당과 지청천 등의 조선혁명당이 1935년 김구 등이 중심이 되어 조직한 한국국민당과 1937년 한국광복운동단체연합회를 결성한 뒤 1940년 3월 새로운 한국독립당을 출범시켰다. 그러면서 한국독립당이 주도하게 된 임정은 1940년 9월 충칭으로 옮겼다. 민족혁명당은 1937년 말 김성숙金星淑 등의 조선민족해방운동자동맹, 최창익崔昌益 등의 조선청년

김구

김원봉

전위동맹, 유자명 등의 조선혁명자연맹 등과 함께 조선민족전선연맹을 결성했다. 이처럼 독립운동 진영 안에서 통합 움직임이 가속화된 데는 중일전쟁이 미일전쟁이나 소일전쟁으로 확대될 것이라는 기대가 작용하고 있었다.

그러는 가운데 1939년 5월 당시 중국 관내 독립운동의 두 진영을 대표하던 김구와 김원봉이 '동지·동포 제군에게 보내는 공개 통신'을 발표했다. 두 사람이 합의한 10개의 정치 강령 가운데는 "일본 제국주의의 통치를 전복하여 자주 독립 국가를 건설한다. 봉건 세력 및 일체의 반혁명 세력을 숙청하고 민주 공화제를 건설한다. 국내에 있는 일본 제국주의의 공사 재산 및 매국적 친일파의 일체 재산을 몰수한다. 공업·운수·은행과 기타 산업 부분에서 국가적 위기가 있을 경우 각 기업을 국유로 한다. 토지는 농민에게 분배하고 토지의 일체 매매를 금지한다" 등의 조항이 들어 있었다. 이는 1930년대 말 좌파와 우파의 독립운동 구상이 일정 부분 수렴하고 있었음을 의미한다.

그렇다고 해서 두 진영의 통합이 바로 이루지지는 않았다. 1939년 8월 한국국민당, 한국독립당, 조선혁명당, 민족혁명당, 조선혁명자동맹, 조선민족해방동맹, 조선청년전위동맹의 일곱 단체가 모여 '한국 혁명 운동 통일적 7단체 회의'를 열었지만 임정을 최고 권력 기관으로 인정할 것인가의 여부를 둘러싸고 의견이 엇갈려 결국 결렬되고 만 것이다.

임정은 1941년 11월 조소앙이 기초한 건국강령을 발표했다. 당시 임정은 우파만으로 운영되고 있었다. 그럼에도 불구하고 건국강령의 내용을 보면 사회주의적 지향을 상당 부분 수용했음을 쉽게 확인할 수 있다. 특히 해방을 이룬 뒤 나라를 세우는 과정에서 어떤 경제 정책을 추진할 것인가를 규정한 제3장 제6항이 이를 단적으로 보여준다. 건국강령에는 대생산 기관의 국유화, 토지·어업·광업·은행·전신·교통 기관의 국유화, 토지의 상속과 매매 금지, 농공 대중의 생활 정도와 문화 수준의 제공 등의 내용이 담겨 있었다. 1930년대 중반부터 1940년대 초반에 이르기까지 정치적으로는 민주 공화국 건설, 경제적으로 토지와 중요 생산 기관의 국유화 등 몇 가지 측면에서 좌우를 막론하고 중국 관내 독립운동 세력 사이에서는 대체적인 합의가 이루어지고 있었는데 이러한 합의가 건국강령 안에 반영된 것이다. 임정이 건국강령을 공식적으로 채택했다는 것은 특히 가장 첨예한 문제이던 경제 정책에서 좌우의 차이가 이미 대부분 해소되었음을 의미한다. 이제 통일 전선 운동은 본격적인 단계에 접어들게 되었다.

국민당 정부도 임정 승인의 전제로 한국독립당과 민족혁명당의 합작을 요구했다. 양측 모두 국민당 정부의 요구를 무시하기 힘들었다. 민족혁명당도 합작에 적극적으로 나섰다. 1941년 5월에는 임정에 참여하는 방법으로 한국독립당과의 통일을 주장하기 시작했다. 두 당이 통일해 단일당을 결성하고 새로 만든 단일당을 중심으로 임정을 운용하자는 방안이었다. 합당이 성사되지는 않았지만 두 당 사이에 연대라는 원칙에는 일정한 합의가 이루어졌다.

1941년 12월 일제의 진주만기습으로 전쟁이 태평양전쟁으로 확대되면서 독립운동 진영의 통합은 필연적 과제가 되었다. 1942년 4월 임정은 민족혁명당과 밀접하게 연관된 조선의용대(1938년 10월 결성) 가운데 화베이로 가지 않고 잔류한 대원들을 1940년 임정의 군대로 출범한 한국광복군(총사령 지청천)으로 합편할 것을 결정했다. 이어 7월에는 조선의용대가 한국광복군의 제1지대로 개편되었다. 이로써 임정과 민족혁명당의 군사 통일이 이루어지고 남은 것은 정치 통일이었다.

1942년 10월 임시의정원 선거가 실시되어 23명의 의원을 새로 선출했다. 정당별 분포를 보면 한국독립당 7명, 민족혁명당 12명, 조선민족해방동맹 2명, 조선혁명자연맹 2명이었다. 23명 가운데 좌파 계열로 분류될 수 있는 사람이 16명이나 되니 좌파 진영을 임시의정원에 참여시키기 위한 선거였던 셈이다. 물론 기존의 의원까지 합하면 한국독립당이 48명 가운데 26명으로 여전히 다수당의 위치를 차지하고 있었다. 그러나 민족혁명당의 참여로 임정 안에 여당과 야당이라는 구조가 만들어졌다는 것은 중요한 의미를 갖는다.

임시의정원 선거 직후인 11월 20일 임시의정원에서 4명의 국무위원을 새로 선임했다. 이때 김규식은 유동열, 장건상, 황학수黃學秀와 함께 국무위원으로 선임되었다. 1935년 9월 임정 국무위원에서 해임된 뒤 8년 2개월 만의 복귀였다.

쓰촨대학 교수직을 사임한 김규식이 임정이 있던 충칭에 도착한 것은 1943년 1월 10일이었다. 부인인 김순애도 동행했다. 김규식은 충칭에 도착하자마자 "나는 이제 교편을 던졌고 나의 여생을 가져 나라에 바치고 임시정부에 충성을 다하기로 결심하였다"라고 소감을 말한 뒤 "일체의 과거사를 쓸어버리고 임시정부에 들어와 모든 동지들과 합작하기를 원"한다는 뜻을 분명히 밝혔다.

김규식이 임정으로 복귀한 이유는 분명했다. 일제의 패망과 독립이 예상되는 상황에서 전체 독립운동 진영이 좌우를 떠나 임정을 중심으로 뭉쳐야 한다는 결론을 내린 것이다. 한때 김규식은 임정의 존재 자체를 부정했지만 이제 임정이 통일 전선의 모체이자 중심이라고 인정했다.

김규식은 1943년 1월 20일자로 임정 선전부장에 선임되었다. 민족혁명당 당원이자 김규식과 함께 국무위원으로 선출된 장건상은 교육부장을 맡았다. 임시의정원에 이어 정부 안에서도 일종의 연립 내각이 출현하게 된 것이다. 이로써 임정은 명실상부한 통일 전선 정부가 되었다.

임정에 복귀한 뒤 얼마 지나지 않은 1943년 7월에 미국의 동포 신문인 『국민보』에서 미주 동포를 대상으로 여론 조사를 했는데 그 가운데 "중경의 여러 영수 중 누구누구를 가장 신임하는가"라는 문항이 있다. 이 문항에 예시된 4명의 '영수'는 "김구, 김규식, 김약산(김원봉), 이청천(지청천)"이었다. 임정에 복귀한 지 반년 만에 김규식은 김구 등과 더불어 임정을 이끌고 나갈 지도자로 인식되고 있었던 셈이다. 물론 여기에는 임정 복귀 직후인 1943년 민족혁명당 주석으로 선출된 데다 이전에도 미주에서 활동했다는 점이 영향을 미쳤을 것이다. 어쨌거나 김규식이 임정에서 가장 믿을 만한 지도자 가운데 한 사람으로 꼽히고 있었다는 사실은 중요한 의미를 갖는다.

임정에 복귀한 뒤 김규식이 처음 맡은 일은 주로 국민당 정부와 중국인 유력자, 그리고 미주 동포를 대상으로 한 선전 활동이었다. 영어는 물론이고 중국어에도 능한 김규식에게 잘 어울리는 일이었다. 당시 임정 외교부장은 조소앙이었다. 조소앙은 김규식 못지않게 대중국 외교에 능숙했다. 동제사 시절부터의 동지이며 이념적 지향성도 비슷했기 때문에 두 사람은 힘을 합해 외교 및 대외 선전 활동을 벌였다.

1942년부터 연합국 사이에서 전쟁이 끝난 뒤 한국을 국제 공동 관리 곧 신탁 통치하는 방침이 논의되고 있다는 소식이 들려왔다. 진원지는 미국이었다. 미국이 전후 대외 정책을 수립하는 과정에서 한국을 국제 공동 관리하기로 했다는 것이었다. 미국은 1942년 여름부터 "일정한 기간이 지난 뒤 독립시키되 그 기간 중 연합국 공동 관리에 의한 신탁 통치를 통해 자치 능력을 배양시킨다"는 정책을 마련하고 있었다.

그런 와중에 1943년 6월 1일자 『독립신문』이 미국 잡지에 '한국 문제는 국제 공동 관리로 해결한다'는 내용이 실렸다고 보도했다. 이에 임정 외무부장 조소앙은 '전후 한국 독립 문제 국제 공동 관리 반대戰後韓國獨立問題不能贊同國際共管'라는 성명서에서 "왜적을 박멸하는 날에 당연히 한국의 독립 주권을 한인에게 돌려주어야 한다", "원동의 평화를 확실히 보장하려면 한국의 독립을 확실히 보전해야 한다"라고 주장했다.

임정은 일제 식민 지배가 끝나자마자 즉각적인 독립이 이루어져야 한다는 원칙 아래 신탁 통치에 반대하는 목소리를 높였다. 1943년 5월 10일 충칭에 있는 정당·사회 단체를 망라해 재중자유한인대회를 개최

1943년 5월 중경 재중자유한인대회에 참석한 김규식

한 것도 그 일환이었다. 김규식도 대회에 참여했다. 이 대회에서 김순애 등 6명의 주석을 선출한 뒤 "우리는 완전 독립을 요구하며 소위 국제 감호監護나 다른 어떠한 형식의 외래 간섭도 반대한다" 등의 4개 항을 결의했다.

김규식도 신탁 통치를 반대하고 한국의 즉시 독립을 요구하는 장문의 중국어 논설을 발표했다. 1943년 6월 1일자 『독립신문』에 실린 「우리는 한국을 국제 공동 관리하는 데 반대한다我們反對國際共管韓國」라는 글이 바로 그것이다. 이 글은 당시 충칭을 중심으로 일어나고 있던 국제 공동 관리 반대 운동의 논리를 집약한 것이었다.

김규식은 국제 공동 관리가 한국 인민의 희망과 자유 의지에 반하며 각 민족 단위를 존중하고 각 민족이 각자의 정치 형식 선택의 자유권을 보장하려는 대서양헌장과 연합국의 정신에 반한다고 주장했다. 그러면서 임정을 전 민족의 통일 기구로 만들고 확대 발전시키는 것을 바탕으로 한국광복군의 확대 개선, 국내외 혁명 군중의 조직화를 이룬 뒤 궁극적으로는 대규모의 항일 투쟁 내지는 항일 전쟁을 일으키는 것이 독립운동의 당면 급무라고도 주장했다. 여기에 영국과 미국의 원조가 더해진다면 한국의 독립은 얼마든지 가능하다는 것이 이 글의 결론이었다.

1943년 7월 26일에는 임정 주석 김구, 외무부장 조소앙, 한국광복군 총사령 지청천, 부사령 김원봉과 함께 장제스와 만나 국제 공동 관리에 반대한다는 것과 일제가 패망하면 한국은 즉각 독립되어야 한다는 것을 설명했다. 이 자리에서 장제스는 임정의 요구를 받아들여 한국의 즉각 독립이라는 원칙에 동의하고 이 문제에 관해 미국과 영국을 설득하겠다는 뜻을 밝혔다. 이에 고무된 임정은 각종 매체를 통해 장제스의 약속을 널리 선전했다.

김규식도 1943년 8월 5일의 충칭의 국제방송국을 통해 자신의 목소리로 '재미 동포에게 보내는 소식'을 방송했다. 이 방송에서 김규식은 장제스와 만나 "전투 단위의 더 효과적인 조직을 갖는다. 임시정부를 조속히 인정하며 비록 그것이 현재 당장 인정받지 못한다 해도 한국 내외에서 우리의 공작을 효과적으로 수행할 수 있도록 하기 위해 그리고 국내 민중 혁명의 힘을 총궐기하도록 격려하고 고양시키며 촉진시키도록 하기 위해 현상태의 인정을 희망한다. 민족 회복을 위한 우리의 투쟁을 더 효과적이고 신속하게 수행하고 중일전쟁과 태평양전쟁에서 어떤 기여를

할 것인가 등의 문제에서 우리가 더 적극적이고 더 큰 기백으로 그 일을 수행할 수 있도록 계속적이고 증대된 실질적인 후원을 해줄 것을 요청한다" 등의 독립운동 계획안을 제안했다는 것을 알렸다. 아울러 장제스로부터 전쟁이 끝난 뒤 한국 독립 문제에 대한 확약을 받는 한편, 중국의 후원보다 더 중요한 것은 한인의 단결과 합치된 행동이라는 조언을 들었다는 사실도 알렸다. 한국의 독립에 대한 중국의 지원을 얻기 위해서는 중국은 물론 미주의 동포 사회도 단결해야 한다는 점을 강조한 것이다.

그런데 국내에서도 이 방송을 들었다는 증언이 있다. 당시 조선방송협회에서 근무하던 성기석이 단파 수신기로 충칭에서 발송한 단파 방송을 청취했는데 중국 임시 수도에 있는 충칭방송국이라고 하면서 독립군이 전쟁터에서 큰 전과를 올려 장제스 총통이 임정 김구 주석에게 치하하고 적극 지원을 약속했다는 김규식의 육성 방송을 들었다는 것이다.

당시 임정이 안고 있던 현안 가운데 하나가 중국군이 한국광복군을 예속시키기 위해 만든 '한국광복군행동 9개준승'을 취소하는 것이었다. 9개준승은 한국광복군의 창설은 인준하되 그 행동은 중국군사위원회가 통할 지휘한다는 것이었다. 김규식이 임정에 복귀하기 직전부터 임시의정원에서는 9개준승 폐지를 국민당 정부에 요구해야 한다는 목소리가 높아지고 있었다. 김규식은 충칭에 도착하자마자 조소앙, 박찬익朴贊翊과 함께 중국 당국과 9개준승을 교섭할 대표로 선임되었다. 2월부터 8월까지 계속된 교섭 결과 1943년 8월 중국군사위원회로부터 9개준승 취소라는 성과를 얻어낼 수 있었다.

김규식을 포함한 임정 요인들의 활발한 외교 활동의 결과가 바로

1943년 11월 카이로선언이었다. 카이로회담에 참석한 루스벨트Franklin D. Roosevelt 대통령, 처칠Winston Churchill 수상, 장제스 총통은 "한국 민중의 노예 상태에 유의하여 적당한 시기에 한국이 자유롭게 되고 독립하게 될 것을 결의"했다. '한국이 자유롭게 되고 독립하게 될 것'이라는 구절은 장제스의 주장을 채택한 것이었다. 중국을 상대로 한 외교 활동의 중요한 가시적 성과가 이 구절에 담겨 있는 셈이다. 그러나 루스벨트의 주장에 따라 '적당한 시기'라는 단서가 붙었다. 임정은 이 구절이 신탁 통치를 의미하는 것으로 해석했다. 그래서 김구는 1943년 12월 5일 다시 한 번 즉각 독립이 임정의 요구라는 것을 밝혔다.

중한문화협회의 부이사장으로 선출되다

국민당 정부의 전시 수도인 충칭에 임정이 옮겨옴으로써 한국과 중국 인사들의 교류가 활발해졌다. 임정은 충칭에 정착한 이후 국민당 정부를 상대로 한국광복군 창설, 임정에 대한 승인 및 재정적 지원 등 여러 문제를 놓고 다양한 교섭을 전개했다. 특히 임정의 최대 현안은 중국을 비롯한 연합국으로부터 교전 국가로 인정을 받는 것이었다. 임정이 태평양전쟁 발발 직후 대일 선전 포고를 한 이유도 바로 여기에 있었지만 국민당 정부는 원칙적으로 임정을 승인하겠다는 의사를 갖고 있었지만 미국이 임정을 승인하지 않으려고 했기 때문에 중국도 끝내 임정을 승인하지 않았다.

그러자 임정은 민간 차원에서 임정 승인을 촉구하는 활동을 병행했다. 중국의 각계 인사들도 한국 독립운동에 대해 어느 때보다도 우호적인 자세를 보였다. 거기에는 한국 독립운동을 지원하는 것이 중국의 항일전에 유익하다는 판단도 작용했을 것이다. 그러면서 1942년 10월 11일 충칭의 한국·중국 유력자들이 모여 중한문화협회라는 민간 단체를 출범시켰다.

중한문화협회는 한중간의 오랜 역사적 관계를 바탕으로 성립되었다. 한국으로서는 독립운동을 벌이던 시기가 중국에서 반일 운동 내지는 항일 전쟁이 일어난 시기와 겹친다는 것도 중한문화협회의 출범에 크게 작용했다.

중한문화협회는 "중한 문화를 발양하여 양 민족의 영구 합작을 가강加强함. 중한 호조를 촉진하여 동양의 영구 평화를 수립함"을 목표로 했다. 이 목표를 이루기 위해 "중한 양 민족의 연락 호조에 관한 사항, 중한 양 민족 문화의 연구 발양에 관한 사항, 일본제국주의 침략에 대한 반항과 소멸에 관한 사항, 중한 양 민족의 문화 복리 및 동아 평화에 관한 사항" 등의 활동을 벌인다는 것이 중한문화협회의 방침이었다.

중한문화협회의 이사는 다수였지만 핵심적인 역할을 하게 될 상무이사는 중국 측 3명, 한국 측 2명이었다. 김규식은 상무이사에 선임된 데 이어 부이사장까지 맡았다. 이사장은 쑨원의 아들이자 당시 국민당 정부 행정원장인 쑨커孫科였다. 나머지 3명의 이사는 중국 측의 우톄청吳鐵城, 주자화朱家驊, 그리고 한국 측의 박찬익이었다. 당시 국민당에서 임시정부와의 관계를 담당하는 부서가 조직부였는데 중한문화협회가 출범할 때 조직부장이 주자화였다. 우톄청은 당시 국민당 중앙비서장이었

쑨커

우톄청

으며 1944년에는 주자화의 후임으로 국민당 조직부장이 되는 인물이었다. 이처럼 비중 있는 인물이 중국 측을 대표해 이사장과 상무이사를 맡았다는 것은 그만큼 국민당 정부가 중한문화협회를 중시했다는 것을 의미한다.

그런데 김규식은 중한문화협회가 출범할 때만 해도 청두의 쓰촨대학에 재직하고 있었으며 임정에 복귀하지도 않은 상태였다. 그런데도 중한문화협회의 부이사장으로 선출된 데는 영어에 능통하고 국민당 정부의 신임이 두터웠다는 이유가 작용했을 것이다. 그렇다고 하더라도 임정 요인들이 고문, 이사로 다수 참여한 상태에서 김규식이 한국 측에서는 가장 높은 직위인 부이사장을 맡을 수 있었던 것은 당시 임정과 민족혁명당의 합작이 본격적으로 진행되고 있던 상황과도 무관하지 않아 보인다.

중한문화협회의 출범은 한국으로서는 큰 의미가 있었다. 무엇보다 중국 안에서 임정의 위상이 크게 높아졌다. 중국은 1935년 이후부터 영국, 미국, 소련 등과 문화협회를 결성해 왔다. 이는 국가와 국가의 대등한 관계에서 성립된 것이었다. 한국과 문화협회를 만들었다는 것은 국민당 정부가 사실상 한국을 하나의 국가로 인정하고 임정이 다른 나라와 마찬가지의 지위에 있음을 인정했다는 상징이었다.

김규식은 출범 이후 부이사장의 자격으로 중한문화협회의 활동에 적극 참여했다. 1943년 4월 12일 임정 수립 21주년 기념 강연회가 열렸다. 이날 김규식은 임정 수립 경위와 독립운동의 역사에 대해 설명한 뒤 한국의 독립운동이 단지 한국의 문제에 그치는 것이 아니라 세계 평화와 긴밀히 연계되어 있음을 지적하고 지난날의 성과는 부족한 점이 많지만 앞으로의 희망은 매우 크다고 하면서 중국의 한국 독립에 대한 원조와 지지에 감사의 뜻을 표했다. 강연의 내용도 그렇고 강연을 중국어로 했다는 데서 김규식이 기념식에 참석한 중국인 유력자에게 한국 독립에 대한 지지를 호소했음을 알 수 있다.

카이로선언이 발표된 직후인 1943년 12월 21일 중한문화협회 주최로 충칭방송국에서 한국 독립 문제에 관한 방송 좌담회가 열렸다. 김규식은 조소앙, 신익희, 중국의 스투더司徒德 등도 참석한 좌담회에서 "오늘 이와 같이 좋은 국내외의 형세 하에서 한국동포 각 개인은 모든 힘을 다해 자유와 독립을 위하여 분투하자"고 호소했다.

1944년 5월 9일에도 중한문화협회는 전후 한국 문제 좌담회를 열었다. 회의가 끝날 때 김규식은 한국 측을 대표해 회의 발언자들에게 고마움을 표하고 중국 항전과 동맹국의 승리 및 한중 두 민족의 영원한 협력을 축원했다.

1944년 7월 16일에는 중한문화협회 청두분회가 창립되었다. 이때 창립식에 참석한 쓰촨대학 교장이 쓰촨대학에 '중한 문화 교류'라는 강좌를 개설할 것을 제안하고 김규식에게 강좌를 맡아줄 것을 요청했다.

김규식이 "충칭을 떠나기 어려운 관계로" 쓰촨대학에서 강좌를 맡는 것이 성사되지는 못했지만 중국인 사이에 김규식에 대한 기대가 얼마나 컸는지를 잘 보여주는 일화이다.

중한문화협회의 결성 이후 김규식은 한중 합작 및 임정 승인 문제를 주제로 한 강연회, 좌담회 등을 통해 임정 승인에 대한 중국인의 여론을 일으키려고 노력했다. 그 결과 국민참정회國民參政會는 1944년 9월 임정 승인을 결의했다. 결의안을 내는 데 앞장을 선 것은 중한문화협회 이사인 후치우위안胡秋原이었다. 국민참정회는 중일전쟁과 제2차 국공 합작을 거치면서 국민당 정부가 거족적인 항일 투쟁을 내외에 보여주기 위해 중국공산당 등 각계의 인물들을 망라해 출범시킨 민간 단체로 일종의 민주의회라는 성격도 갖고 있었다. 법적 구속력이나 실행력은 없었지만 당시 중한문화협회에도 관여하고 있던 인물들이 임정 승인 운동을 벌이고 그 결과 국공 합작을 상징하던 단체에서 임정 승인을 결의했다는 것은 중요한 의미를 갖는다. 김규식 등이 벌인 외교 활동이 민간 차원에서 거둔 성과라고 할 수 있기 때문이다.

민족혁명당의 최고 지도자

김규식이 임정에 복귀했을 무렵 민족혁명당의 당세는 현저히 약화되었다. 민족혁명당의 당원 가운데 상당수가 일본군과의 전투가 벌어지고 있던 화베이 지역으로 이동했기 때문이다. 이에 민족혁명당은 당세를 만회하기 위해 조선민족해방투쟁동맹, 한국독립당통일동지회, 조선

민족당해외전권위원회의 3개 단체와 함께 1943년 1월 8일 통합 회의를 개최했다. 회의 결과 민족혁명당을 개조하는 형식으로 통합하는 것이 결정되었다.

1943년 2월 15일부터 20일까지 열린 민족혁명당 제7차 전당 대표 대회에서 통일 협정안이 통과되었고 이어 24일 열린 제1차 중앙집행위원회에서 당 지도부가 개편되었다. 이때 김규식은 주석으로 선임되었다. 김규식 외의 간부는 중앙상무위원 김원봉, 성주식, 손두환孫斗煥, 신영삼申榮三, 김인철金仁哲, 총서기 김원봉 등이었다.

민족혁명당은 노선도 재정립했다. 민족 자유, 정치 자유, 경제 자유, 사상 자유를 지향하며, 민족 해방을 주장하는 모든 계급의 이익을 대표하는 정치 연맹으로 규정한 것이다. 계급적 기초는 공상 소자산층으로 설정되었다. 당면 정책으로는 "전 민족 통일 전선을 확대 강화하며 임시정부를 전 민족 독립 사업을 총영도하는 혁명 정권 기구로 발전시킨다. 국내 인민의 혁명 조직과 훈련에 대한 노력을 배가하며 전민 폭동을 준비하고 중국의 항일 전쟁에 적극 참가한다" 등을 제시했다. 임정을 중심으로 한 대일 항전 노선을 분명히 한 것이다.

이제 민족혁명당의 최고 지도자가 된 김규식은 미주 지역에서 당원을 확보하기 위해 노력했다. 1933년 김규식이 통일동맹과 중한동맹의 대표 자격으로 미국을 방문했을 때 재미 한인 사회의 여러 단체가 통일동맹에 가맹했다. 중일전쟁 발발 이후 조선민족전선연맹의 발족 소식을 들은 재미 한인 사회에서는 조선민족전선연맹 산하의 군사 조직인 조선의용대를 후원하기 위해 1939년 4월부터 조선의용대후원회를 결성했다. 조선의용대후원회는 뉴욕, 로스앤젤레스, 시카고 등지에서 조직되었다. 그러다가 조선의용대가 한국광복군에 참가한 것을 계기로 조선의용대후원회는 1942년 6월 민족혁명당 미주총지부로 개편되었다.

미주총지부 결성 이후 김규식은 다양한 통로를 통해 미주 지역 당원들에게 중국 관내 독립운동의 상황을 전파하는 한편 민족혁명당의 활동 방향에 대한 지침을 제시했다. 대표적인 보기가 앞에서도 언급한 1943년 8월 5일의 '재미 동포에게 보내는 소식' 방송이다.

이 방송에서 장제스와의 만남 소식을 전한 뒤 얼마 전의 민족혁명당 중앙집행위원회에서 미주총지부와 하와이총지부에 관해 '총지부는 5명의 집행위원을 선출한다. 이들 가운데 한 명은 의장으로 활동하며(집행위원장) 다른 4명은 각각 비서·조직·재무·선전부의 장이 된다. 총지부는 통과된 결의와 집행위원회의 결정 또는 대표 대회, 당의 본부에 일치해 과업을 수행한다' 등을 주요 내용으로 하는 결의가 있었음을 통보했다. 이날 방송의 하이라이트는 화베이의 타이항산太行山에서 일본군과 전투를 벌이다가 희생된 동지들의 죽음을 알리는 부분이었다. 다소 내용이 길지만 그대로 인용한다.

>작년 우리는 다른 몇 명 이외에도 뛰어난 학자이며 웅변가일 뿐만 아니라 타고난 지도자이며 조직가인 석정石正(본명 윤세주尹世胄)을 (여러 해 동안 우리의 중앙집행위원이었던) 잃었습니다. 그는 작년 6월 3일 산서성山西省에서 죽었고, 그 때 우리 부대 사령관은 혼자 단 하나의 기관총을 들고 일본의 공격을 경계해 중국 야전본부가 안전하게 철수하도록 했으며, 다

리에 총을 맞고 일본이 그 지점을 다시 공격할 때까지 언덕에 사흘 동안 남겨져 있었습니다. 석정처럼 수완가이었던 김창화金昌華도 같은 전투에서 죽었습니다. 필사적인 전투 끝에, 그는 우리 당의 모든 서류와 문서들을 태우고 산의 다른 쪽 절벽 아래로 몸을 던졌습니다. 그렇게 모든 것이 끝났습니다. 이러한 사람들의 영웅적 희생의 이야기는 중국 학교 교과서에 실렸습니다. 올해 4월 14일 또 다른 우리 당의 뛰어난 젊은이인 문명철文明哲(본명 김일곤金逸坤)이 산서성 기현祁縣 황룡왕구黃龍王溝 지역에서 전투 중 죽었습니다. 그는 100명이 넘는 일본인들에게 둘러싸였고, 탄약이 바닥날 때까지 싸워 수십 명의 적군을 죽였지만, 마지막 총알을 적에게 넘겨주느니 그것으로 그의 목숨을 끊었습니다. 문명철은 기현 구역 외곽에 묻혔고, 그를 기념하는 현판이 세워졌습니다. 그의 장례식에서 수 천 명의 중국 군인들과 관리들 그리고 지역민들이 그를 위해 탄식하며 울었고 그의 영웅적 희생을 기렸습니다. 이러한 사람들의 정신은 영원히 우리 한국 전사들과 혁명가들 사이에 떠돌 것입니다.

윤세주

조국의 해방을 위해 일본군과 싸우다 피를 흘리고 산화한 동지들에 관한 이야기는 미주 동포들에게 큰 울림으로 다가갔을 것이다. 비통한 마음과 함께 중국 관내에서 일본군과의 전투가 벌어지고 있다는 사실로부터 다가오는 독립에의 희망을 느낄 수도 있었을 것이다.

김규식은 방송의 마지막에서 중국 관내의 독립운동 진영이 이제 완전히 임정을 중심으로 한 민족 연합 전선을 형성했다는 소식을 미주 동포에게 전하면서 "우리는 과거 반세기 동안 민족의 자유를 위해 한국의 안팎에서 피와 땀의 대가를 흘렸습니다. 그러나 우리는 우리의 대목표인 완전 독립, 그리고 세계 모든 민족과의 평화와 일치의 완성을 실현하기 위해 한국의 내외에서 우리 자신을 희생시키고 더 많은 피를 흘리고자 우리의 힘을 더 잘 조직하고 통일하며 강화시켜 나가야 할 것임을 명심해야 할 것입니다"라고 강조했다. 아울러 임정에 합류하기 전 민족혁명당을 중심으로 형성된 조선민족전선연맹에 가담한 미주의 여러 단체에 조선민족전선연맹이 해체되었음을 알리고 민족혁명당을 중심으로 결합할 것도 권유했다.

이어 1943년 9월 17일 김규식은 총서기 김원봉과의 공동 명의로 공함을 작성했다. 공함에 담긴 민족혁명당 당면 정책의 요지는 자주적인 민주 공화국 건설, 진보적 대중 정당 표방, 거족적 임시 연합 정부 수립 등이었다.

김규식의 이러한 구상은 1943년 10월 10일 열린 제9차 전당 대회에서 다시 한 번 종합적으로 정리되었다. 이 대회에 채택된 강령의 주요 내용은 민주 공화국 수립, 일제 잔재 청산, 국민 기본권 보장, 국민 경제 질서 확립 등이었다. 당면 정책의 골자는 민족 통일 전선에 입각한 통일적 임시 연합 정부 조직, 보통 선거를 통한 정식 민간 정부 수립, 민족적 단합 실현, 민족 국가 건설을 위한 사회·경제 질서 확립, 새로운 국제

질서에의 동참 등이었다. 이러한 강령과 정책은 창당 이래 표방해 온 민족혁명당의 이념을 확대 발전시킨 것이자 새로운 질서 수립을 위한 전후 처리 문제와 함께 국가 건설의 기본 방향을 제시한 것이었다.

대한민국임시정부 부주석

1944년 4월 21일 임시의정원에서 임정의 다섯 번째 개헌안이 통과되었다. 대한민국임시헌장이 탄생하면서 임정의 정부도 새로 조직되었다. 부주석 제도가 신설되었고 국무위원도 종전의 6~10명에서 8~14명으로 늘어났다. 주석은 한국독립당에서 부주석은 민족혁명당에 선출하는 것으로 합의가 이루어졌다. 이 합의에 따라 1944년 4월 24일 열린 임시의정원 회의에서 김규식은 부주석으로 선출되었다. 주석은 김구였다. 국무위원은 이시영, 조성환, 황학수, 조완구, 차리석, 장건상, 박찬익, 조소앙, 성주식, 김원봉, 김성숙, 김붕준金朋濬, 유림柳林, 조경한趙擎韓의 14명이었다. 그리고 국무위원회에서는 행정 각부의 부장으로 외무부장 조소앙, 군무부장 김원봉, 재무부장 조완구, 내무부장 신익희, 법무부장 최동오, 문화부장 최석순崔錫淳, 선전부장 엄항섭嚴恒燮을 선임했다.

부주석으로 선출된 김규식은 김구와 함께 국무위원회 명의로 '국내외 동포에게 고함'이라는 성명을 발표했다. 성명의 내용은 다음과 같다.

> 각 민족의 자유 독립과 각국 인민의 민주 자유와 각 민족간에 호혜互惠 합작과 영구 평화를 보장하는 신세계가 출현하게 될 것이다. …… 우리들

은 각 혁명 단체, 각 무장 대오, 전체 전사 및 국내외 전체 동포로부터 전 민족적 통일 전선을 더욱 공고 확대하면서 일본제국주의자에 대한 전면적 무장 투쟁을 적극 전개하기 위하여 최대의 노력을 하기로 결심한다. …… 우리들은 자주 독립의 입장과 민족 평등의 합작 원칙하에서 각 동맹국 및 전 세계 일체 반침략 인민 대중과 연합 일치하여 인류의 정의와 세계의 영구 평화를 위하여 공동 분투하려 한다. 우선 중국·미국·영국·러시아 등 각 주요 동맹국과 유력한 합작 관계를 조속히 건립하고, 대일 작전의 공동 승리를 빠른 시일 내에 쟁취하기 위해서 진력하려고 결심한다. 국내외 전체 동포와 특별히 중국·미국·영국·러시아 및 기타 동맹과 경내에 있는 동포들은 공동 적인敵人에 대한 작전에 충실히 참가하여, 합작과 단결의 정신을 최고도로 발휘하고 민족 대 민족 간의 심열心熱과 우애를 중고하고 호상互相 협조하기를 희망한다. ……

우리 임시정부가 적인을 격퇴하고, 조국 강토에 들어가서는 즉시로 건국강령에 의하여 전국 인민 대표 대회를 소집하고 정식 헌법을 제정하고 정식 정부를 조직하여 전 민중 각 급의 주권 행사를 발동하게 할 것을 결심한다.

전체 혁명 전사 및 국내외 동포 제군! 일체의 준비와 행동은 다 우리 정부의 지휘에 기준하여 신념과 결심을 가지고 통일적으로 행동하기를 바란다.

김구·김규식 등은 비록 즉시 독립에는 약간의 제동이 걸리기는 했지만 카이로선언을 통해 제2차 세계대전이 끝난 뒤 한국의 독립이 국제적으로 공인된 상황에서 나라 안팎의 동포들이 모두 힘을 모아 일제와 일대 결전을 치러 독립을 획득하자는 결의를 다지고 있었던 것이다. 그리고 해방이 되면 건국강령을 바탕으로 전국 인민 대표 대회를 소집해 새로운 나라를 만드는 데 앞장서겠다는 뜻도 분명히 했다. 독립을 이룬 뒤 새로운 나라를 건설하는 전망이 좀 더 구체화되기 시작한 것이다.

임정은 열강을 대상으로 한 외교 활동 외에도 샌프란시스코 회의에 참석하기 위해 다각적인 노력을 기울였다. 1945년 4월 25일부터 두 달에 걸쳐 샌프란시스코에서 50개국이 모여 국제연합을 창설하고 전후 세계 평화와 안전 보장을 논의했다. 연합국의 승리가 가시화되는 시점에 열리는데다가 많은 나라가 모이는 회의였기 때문에 임정으로서는 한국 문제를 국제적으로 부각시킬 수 있는 절호의 기회였다.

임정이 샌프란시스코 회의 개최 소식을 접한 것은 1945년 2월 하순이었다. 임정은 미국 현지에서 대표단을 구성하는 한편 1945년 3월 23일에는 직접 충칭에서 대표를 뽑아 샌프란시스코에 파견하기로 결정했다. 대표로는 영어를 잘하고 미국 사정에도 밝은 김규식과 외교 운동의 책임자인 외무부장 조소앙이 선임되었다.

국민당 정부도 김규식과 조소앙에 대해 중국 외교관에 준해 왕복 경비와 활동비를 지원하도록 결정하는 등 임정을 적극 지원했다. 1945년 5월 24일에는 중한문화협회 주최로 김규식과 조소앙의 환송회가 열렸다. 이 자리에서 김규식은 "이번 구미행은 한국의 독립 건국 방면에 많은 도움이 될 것이다. 우리는 이 기회에 각국 정부와 원동의 대국에 대해서도 깊은 대화를 나누고자 한다. 아울러 구미 각국에 거주하고 있는 한교들과 한국 독립 문제를 토론할 기회도 가졌으면 하는 바람이다. 한국에 가장 우호적인 태도를 보여준 중국이 앞으로도 일관되게 한국 독립에 최대의 협조와 지원을 아끼지 않았으면 하는 바람이다"라는 희망을 밝혔다. 그러나 주중 미국 대사관이 비자 발급을 계속 지연시키는 바람에 김규식의 샌프란시스코행은 불발에 그치고 말았다.

해방과 초라한 환국

임정과 중한문화협회 활동으로 쉴 새 없이 바쁜 나날을 보내는 와중에 김규식은 충칭에 몰려들던 동포의 어려운 삶에 도움을 주기 위한 활동도 벌이고 있었다. 이러한 활동은 주로 중국 기독교 신자들과의 연대를 통해 이루어졌다.

1943년 12월 22일 한인의 생활, 주거, 위생, 교육의 개선을 위한 지원 활동을 표방하면서 기독교한교복무사가 설립되었다. 중국의 유력한 정치가인 펑위샹馮玉祥이 이사장을 맡았고 김규식은 부이사장을 맡았다. 1944년을 전후한 시기에 김규식은 부인 김순애 등과 함께 "단순히 종교적 의미로서가 아닌, 교민 사회의 단결과 정치적 구심체로서의 역할을 다하며, 광복 후 국내 활동으로 이어지도록 틀을 공고히" 할 것을 표방하는 재투在渝한인기독교연합회임시위원회를 결성했다. 1945년 5월 18일부터는 한교의료소가 운용되었는데 김규식은 김순애와 함께 발기인으로 참여했다.

임정의 부주석으로 충칭에 머물고 있을 때 김규식은 대화를 하지 못할 정도로 병마에 시달리고 있었다. 일본군에서 탈출해 1945년 1월 31일 임정을 찾아와 광복군에 참여한 김준엽金俊燁과 장준하張俊河가 병석에 있는 김규식을 방문해 "무슨 병환이십니까?" 하고 물으니 "나에게 무슨 병이 있는가 묻지를 말고, 무슨 병이 없는가 하고 물으라"고 하였다는 일화가 전할 정도로 건강이 악화되었다.

　1945년 8월 10일 일제가 항복할 것이라는 소식이 충칭에 들려왔다. 이제 꿈에도 그리던 고국으로 돌아가 새로운 나라를 세우는 일에 힘을 쏟아야 했다. 임정은 그에 대한 준비에 착수했다. 김구 주석과 지청천 광복군총사령은 시안西安에서 일제의 항복 소식을 들었다. 미국의 전략첩보 기구인 OSS와 광복군의 국내 진공 작전을 협의하기 위해 시안에 체류중이었기 때문이다. 김규식의 주재 아래 충칭에 남아 있던 국무위원들은 긴급 국무회의를 개최했다. 그리고 '귀국해서 정권을 국민에게 봉환한다. 귀국해서 반포할 당면 정책을 기초한다. 대외 교섭을 빨리 전개해 귀국 절차를 갖춘다. 정부 및 의정원의 일절 문헌과 집물을 정리한다' 등의 대책을 결정했다.

　이어 임정은 1945년 9월 3일 주석 김구 명의로 발표한 '고국내외동포서告國內外同胞書'를 통해 임정 당면 정책을 공식 선언했다. 그 핵심은 임정이 국내로 들어가 과도 정권을 수립할 때까지 정부로서의 역할을 수행한다는 것이었다. 과도 정권은 국내외 각 계급, 각 혁명 당파, 각 종교 집단, 각 지방 대표와 저명한 각 민주 영수 회의를 소집하고 이를 통해 수립한다는 방안도 제시했다. 그리고 과도 정권이 수립되면 임정의 모든 것을 과도 정권에 인계한다고 했다. 정식 정부를 수립할 때까지의 과정과 단계를 설정한 것이다. 과도 정권 아래 보통 선거를 실시해 정식 정부를 수립하되 정식 정부는 독립 국가, 민주 정부, 균등 사회를 원칙으로 해 수립되어야 한다는 것, 독립운동을 방해한 자와 매국적을 비롯해 부일 협력자는 건국 대열에 동참시킬 수 없고 엄중히 처벌해야 한다는 원칙도 밝혔다.

임정은 국민당 정부에 연합국에게 임정 승인을 제의하고 특히 미군 당국에 임정의 귀국을 협상해 줄 것을 요구했다. 칼자루를 쥐고 있던 미국은 임정의 환국 문제에 정부로서의 환국은 허락할 수 없다는 입장을 보였다. 미국 국무부는 국민당 정부에 개인 자격의 귀국이라면 미군 당국이 수송 수단을 제공할 수 있다는 입장을 밝혔다.

미군정에서는 한때 임정을 환국시켜 정치적으로 활용한다는 방안을 추진하기도 했다. 임정을 연합국 후원 아래 정부 자격으로 귀국시킨 뒤 선거가 실시될 때까지의 과도기에 간판으로 활용하겠다는 것이었다. 미군이 마련한 임정 활용 방안은 도쿄의 맥아더Douglas MacArthur 사령부와 미국 국무부에도 보고되었다. 맥아더는 1945년 10월 8일 임정의 입국을 승인했고 미국 국무부도 입국에 동의했다. 단 정부로서의 자격은 아니었다. 개인 자격의 입국만 허용되었다. 이것이 임정에 대한 미국의 기본 정책이었다. 활용은 하되 공식적으로 인정하지 않는다는 방침에는 흔들림이 없었다.

1945년 11월 5일 임정 요인들은 국민당 정부가 마련한 비행기로 충칭에서 상하이로 갔다. 그러나 해방된 조국으로 들어가는 길은 쉽게 열리지 않았다. 미군정이 개인 자격으로의 입국을 전제로 했고 서약서에

서명을 요구한 것이다. 요인들 사이에 서명 문제를 놓고 격론이 벌어졌다. 모욕적인 요구였지만 해방된 지 몇 달이 지나도록 꼼짝 못하고 중국에 묶여 있는 임정으로서는 어쩔 수 없었다. 11월 19일 개인 자격의 귀국이라는 서약서를 제출하자 길이 열렸다. 미군정에서는 11월 20일 비행기 한 대를 상하이로 보내왔다.

  길은 열렸지만 국내로 들어가는 길은 여전히 어렵기만 했다. 비행기가 한 대였고 탑승 인원도 15명밖에 되지 않았다. 그런데 상하이에 도착한 인원은 29명이나 되었다. 그래서 11월 22일 국무회의를 열어 귀국 문제를 논의한 끝에 1진과 2진으로 나누어 귀국하기로 결정했다. 김규식은 김구 주석, 국무위원 이시영, 선전부장 엄항섭, 문화부장 김상덕, 참모총장 유동열 등과 함께 1진 15명에 포함되었다. 그리하여 11월 23일 조국으로 돌아가는 길에 올랐다. 상하이를 출발해 세 시간 만인 오후 4시 무렵 김포비행장에 내렸다. 이들의 귀국은 미군정이 극비에 부쳤기 때문에 국민에게 알려지지 않았다. 비행장에는 미군들만 대기하고 있었다. 김규식 등은 환영 나온 국민들과 함께 흔들 태극기를 준비했지만 꺼낼 필요조차 없었다.

  임정의 환국은 개인 자격의 귀국이라는 점 때문에 초라하게 이루어졌다. 물론 그 배경에는 미국의 정치적 고려가 작동하고 있었다. 비행기를 한 대만 보내 임정 요인들이 함께 귀국할 수 없게 한 데는 내부 갈등을 조성하려는 의도도 없지 않았다.

07 자주적 통일 민족 국가 수립 운동

좌우 합작 노선을 걷다

1945년 8월 15일 일제의 무조건 항복과 더불어 해방 정국이 시작되었다. 가장 먼저 건국의 기치를 든 것은 일제강점 말기 이미 조선건국동맹을 만들어 해방 이후의 건국에 대한 준비를 하고 있던 여운형 세력이었다. 그러나 한반도의 남쪽에 진주해 통치력을 행사하던 미군은 건국준비위원회를 인정하지 않았다. 우익도 건국준비위원회에 반대하면서 해체를 주장했다.

그러자 건국준비위원회 안의 좌익 일부는 1945년 9월 6일 전국인민대표자대회를 열고 조선인민공화국(이하 인민공화국) 수립을 결정했다. 당시 충칭에 머물고 있던 김규식은 본인의 뜻과 무관하게 인민위원으로 선출되었다. 이승만, 김구, 신익희, 김성수金性洙, 김병로金炳魯, 안재홍安在鴻 등도 인민위원에 포함되었다. 1945년 9월 14일 인민공화국 선언, 강령, 시정 방침이 결정된 데 이어 주석 이승만, 부주석 여운형, 내무부장 김구, 외무부장 김규식 등으로 짜인 정부 내각 명단이 발표되었다.

좌익을 중심으로 전개된 인민공화국 수립 움직임은 1928년에 해산된 조선공산당을 재건하려는 움직임과 밀접하게 연관되어 있었다. 해방 직후인 1945년 8월 20일 '8월 테제'를 발표하면서 박헌영朴憲永은 좌익이 해방 정국을 주도하겠다는 의지를 분명하게 드러냈다. 인민공화국 선포도 사실상 박헌영을 중심으로 한 이른바 '재건파' 공산주의자들의 주도 아래 이루어진 것이었다. 친일파와 민족 반역자를 제외한 우익과 민족 통일 전선을 이루는 한편 각 부문에서 대중을 조직하고 각 지역마다 인민위원회를 수립하겠다는 것이 박헌영 등의 구상이었다. 그러나 실제로는 인민공화국 선포는 오히려 좌익과 우익이 건국에 대해 서로 다른 입장을 갖고 있다는 사실만 드러냈을 뿐 통일 전선을 실현하는 데까지는 이르지 못했다. 그런 가운데 1945년 9월 11일에 조선공산당이 재건되었고 1945년 11월 11일에는 여운형 계열에 의해 조선인민당이 조직되었다.

이러한 좌익의 움직임에 대응해 우익은 해방 직후 조직된 고려민주당(원세훈·조병옥 등), 조선민족당(김병로·백관수白寬洙 등), 한국국민당(장덕수張德洙·장택상·윤보선尹潽善·허정許政 등)을 통합해 1945년 9월 16일 한국민주당(이하 한민당)을 출범시켰다. 한민당 등 우익은 인민공화국을 불법으로 규정하고 건국준비위원회의 지방 지부에서 전환된 지방 인민위원회의 해체를 요구했다. 그리고 인민공화국에 대한 대안으로 임정 봉대奉戴를 들고 나왔다. 여기에 미군정의 책임자인 하지John Reed Hodge 중장이 건국준비위원회에 이어 인민공화국에 대해서도 38도선 이남에서 미군정 이외의 어떠한 정부나 기관도 인정하지 않는다고 선언했다.

그런데 1945년 10월 16일 이승만이 맥아더 사령부와 미군정의 지원을 받으며 미국에서 귀국했다. 해외에서 활동하던 다른 지도자들보다 먼저 귀국할 수 있었던 것은 해방 정국의 주도권 장악을 노리던 이승만에게 큰 힘이 되었다.

이승만은 귀국한 그날 옛 중앙청 앞에서 열린 환영회에 참석했다. 그리고 이승만을 해방 정국의 지도자로 옹립하려는 일부 추종자들의 치밀한 연출에 의해 미군정으로부터 인정을 받는 거물이라는 인상을 심는 데 성공했다. 그리고 귀국 다음 날에는 서울의 중앙방송국 라디오를 통해 첫 연설을 했는데 그 요지는 "나를 따르시오. 뭉치면 살고 흩어지면 죽습니다"라는 것이었다.

임정의 요인들이 충칭에서 귀국할 날을 하염없이 기다리고 있는 상황에서 이승만은 재빠르게 우익의 대표적 인물로 부상하고 있었다. 1945년 10월 23일 출범한 독립촉성중앙협의회에서도 회장으로 추대되었다. 독립촉성중앙협의회에는 애초에 한민당 등의 우익 정당·사회 단체뿐만 아니라 조선공산당 등 좌익 정당·사회 단체도 참여했다. 그렇지만 인민공화국 문제 등을 둘러싸고 견해 차이를 극복하지 못하고 좌익이 떨어져나감으로써 결국에는 이승만을 지지하는 모임으로 바뀌었다.

김규식이 임정 요인들과 함께 환국했을 때 해방 정국은 이처럼 건국의 주도권을 둘러싸고 소용돌이치고 있었다. 김규식은 귀국한 지 이틀 뒤인 1945년 11월 25일 새문안교회를 방문해 교인들에게 인사하는 자리에서 "국내 정치 운동이 통일되지 못했기 때문에 우리가 오래간만에

임시정부 요인들의 환국 기념 사진(앞줄 오른쪽 네 번째부터 김규식, 김구, 이시영)

돌아와도 부끄러운 것과 같이 우리 한국의 교우들도 통일된 교회를 가지도록 하여 모범적인 교우가 되어야 합니다. …… 금후에도 교회의 통일이 혁명 운동에 도움이 있어야 할 것입니다"라고 해 교회의 통일이 곧 정치적 통일이 될 수 있음을 역설했다. 귀국하자마자 오랜 신조인 민족의 통일을 강조하고 나선 것이다. 이어 1945년 11월 28일에는 김구 등 임정 요인들과 정동제일교회에서 개최된 환영식에 참석해 "한손으로 하나님을 붙잡고 한손으로 내 민중을 붙잡고 굳세게 나가야 될 것이다"라고 하면서 다시 한 번 민족의 단결을 통한 통일과 자주 국가 건설을 역설했다.

이처럼 김규식이 국내 정국의 안정과 자주 정부 수립을 위한 움직임

남조선대표민주의원 개원식의 김규식(오른쪽)과 김구(왼쪽)

을 보이기 시작했을 때 신탁 통치 문제가 불거졌다. 1945년 12월 16일부터 26일까지 모스크바에서 열린 미국, 영국, 소련의 삼상회의는 향후 한국 문제에 관한 방침을 결정했다. 그 가운데 핵심은 한반도에 '임시 정부'를 수립한다는 것이었다. 그러나 『동아일보』의 의도적인 오보로 '임시 정부' 수립이 아니라 마치 신탁 통치가 삼상회의 결정의 핵심 사안인 것처럼 알려졌다. 또한 신탁 통치를 주장한 것은 미국이었는데 마치 소련이 신탁 통치를 주장한 것처럼 와전되었다. 그러면서 정국은 신탁 통치 문제로 들끓기 시작했다. 임정도 1945년 12월 28일 국무위원회를 열고 김구와 김규식의 명의로 4대국 원수에게 보내는 신탁 통치 반대 결의문을 채택했다.

다음 해 2월 김규식은 임정이 이승만의 독립촉성중앙협의회와 함께 만든 비상국민회의에서 외무위원 겸 최고정무위원으로 선임됨으로써 본격적으로 해방 정국기의 정치 활동을 시작했다. 그리고 곧 비상국민회의 최고정무위원회가 미군정 사령관의 자문 기관인 남조선대한국민대표민주의원(이하 민주의원)으로 개편된 뒤에는 일부의 반대에도 불구하고 민주의원 부의장에 취임함으로써 해방 정국기 '우익 3영수' 가운데 한 사람으로 불리게 되는 기반을 만들었다.

그러나 이미 신탁 통치 반대 운동의 기치를 내걸고 있던 이승만이 의장으로 선임된 민주의원의 부의장을 맡았다는 데서도 알 수 있듯이 김규식은 애초에는 이승만과 마찬가지로 우익으로서 신탁 통치 반대의 입장을 보이고 있었다. 이때 김규식은 신탁 통치에 대해 기본적으로 반대하면서도 모스크바 삼상회의의 결정 사항 가운데 '임시 정부' 수립에 관한 조항에 주목했다. 그는 좌익과 우익의 극한 투쟁을 피하면서 통일 국가를 건설하기 위해서는 우선 강대국의 결정을 수용해 '임시 정부'를 수립한 뒤 강대국과 협상하는 방도를 구상했다. 모스크바 삼상회의의 결정이 자주 독립을 위해 최선은 아니지만 미국과 소련의 타협을 끌어내 통일 임시 정부를 수립하는 것이 민족의 분단을 막는 유일한 길이라고 판단했던 것이다. 그러나 김규식의 구상이 현실화되기에는 신탁 통치를 둘러싼 대립이 너무 격렬했다.

1946년 2월 모스크바 삼상회의 지지, 비상국민회의 반대, 친일파 처단, 토지 개혁 등의 강령을 내걸고 민주주의민족전선이 출범했다. 조선공산당을 비롯해 조선인민당, 조선노동조합전국평의회, 전국농민조합총연맹, 조선청년총동맹, 조선부녀총동맹 등이 주요 참가 정당·사회 단체였다. 임정의 국무위원을 지낸 김성숙, 중도우파에서 활동하던 이극로李克魯, 천도교의 오지영吳知泳 등도 가담했다. 김원봉은 여운형, 박헌영, 허헌許憲, 백남운白南雲과 함께 공동 의장으로 선임되었다. 민족혁명당 주석인 김규식은 비상국민회의에 참여했는데 민족혁명당의 다수는 비상국민회의 반대를 표방한 민주주의민족전선에 참여했다.

민주의원의 출범에 임정 계열이 참가한 것을 두고 민족혁명당의 김원봉 등은 민주주의민족전선과의 통일을 완전히 포기한 것이라고 비판하면서 비상국민회의를 탈퇴했다. 이에 김규식은 "한국이 완전 독립을 찾고 신국가를 건설하려는 이때에 더욱 우리의 요구하는 바 자주 독립적 과도 정권을 수립하려는 단계에 있어서는 개인이나 당파적 이해를 위하여 활동할 시기가 아님"이라는 이유를 들어 주석으로 있던 민족혁명당을 탈당하는 것으로 대응했다. 김규식은 1946년 초만 해도 먼저 '임시 정부'를 수립한 뒤 신탁 통치 문제를 해결하자는 탄력적인 논리를 갖고 있었음에도 불구하고 이를 실현하기 위한 좌익과의 통일 전선 형성에는 소극적으로 대응하는 한편 오히려 민족혁명당을 탈당하고 민주의원 부의장을 맡는 등 우익 안에서 그의 입장을 관철하려고 했던 것이다.

그런데 모스크바 삼상회의 결정에 따라 한반도 문제를 논의하기 위한 미소공동위원회가 개막되기 직전에 미군정은 미소공동위원회의 원만한 진행을 위해 좌익 및 소련으로부터 비판을 받고 있던 이승만을 민주의원 의장에서 물러나게 했다. 이에 따라 일찍이 미군정에 의해 남한의 대안적 정치 지도자로 주목을 받고 있던 김규식은 민주의원 의장 대

미국에서 귀국한 서재필을 마중나온 김규식(왼쪽)과 여운형(오른쪽)

리로서 미군정과 긴밀한 관계를 맺게 되었다.

그러면서 김규식은 임정 법통론에 입각한 '임시 정부' 수립보다는 '임시 정부'가 수립된 후에 신탁 통치 문제를 민족 자결의 입장에서 자주적으로 해결할 것을 주장했다. 좌익과 우익이 신탁 통치를 둘러싸고 첨예하게 대립하고 있는 상황에서 신탁 통치 문제에만 매달리는 것은 민족 분열로 이어지고 더 나아가서는 현실적으로 한반도의 운명에 결정적인 영향력을 미치는 미국과 소련 사이에 적대 관계를 조장함으로써 결국 '임시 정부' 수립을 늦추게 되는 결과를 초래할 것이라고 우려했기 때문이다.

따라서 김규식은 반소반미를 뛰어넘어 좌익과 우익이 힘을 합해 먼저 자주적인 '임시 정부'를 수립하는 것이 급선무라고 보았다. 그리고 '임시 정부'를 수립하는 데 미군정과의 협조가 필수적이라고 본다는 의미에서도 미군정으로부터의 즉시 독립을 주요 내용으로 한 임정 법통론과 김규식의 정치 노선 사이에는 일정한 차이가 나타나고 있었다.

1946년 3월 20일 열린 미소공동위원회가 결국 협의 대상이 될 정당과 사회 단체의 범위를 둘러싼 입장 차이를 해소하지 못하고 무기한 휴회 상태에 빠지자 정국은 다시 소용돌이쳤다. 먼저 미국의 대한 정책이 일정 부분 수정되었다. 수정의 핵심은 미군정을 보완할 한국인 중심의 정치 기구를 마련함으로써 한국인의 군정 참여를 확대하는 것이었다.

이와 관련해 미군정이 추진한 정책이 중도파를 중심으로 한 좌우 합작이었다. 미국은 김규식과 여운형을 대표로 하는 중도파가 일방적으로 소련에 치우치지 않고 있다는 점을 중시했고 더 나아가서는 중도파의 진보적 성격을 잘 이용하면 미군정이 인정할 수 있는 범위 안에서 개량주의적 개혁을 실시함으로써 좌익에 대신해 대중적 지지를 확보할 수 있다는 점에 주목했다.

그렇다고 해서 미국의 대한 정책이 근본적으로 바뀐 것으로 볼 수는 없다. 미군정의 의도는 어디까지나 중도 좌파를 좌익으로부터 분리시킴으로써 결과적으로 좌익을 약화시키고 우익의 힘을 강화하는 데 있었다. 이를 위해 미군정은 중도파의 간판으로 김규식을 내정하고, 그가 결여하고 있던 독자적인 조직적, 대중적 기반을 보완하기 위해 각종 지원을 아끼지 않았다.

한편 김규식이 좌우 합작에 나서게 된 것은 이승만의 권유 때문이라는 이야기도 있다. 이승만은 "이 일(좌우 합작)이 하지 개인의 의견이라면 모르되 미국 국무성의 정책이오. 우리가 이 정책을 실행해보지도 않고 어떻게 거절할 것이오? 아우님이 한 번 해 보시오"라고 김규식에게 권고했다는 것이다. "독립을 위해 미국 사람이 해 보라는 것을 여하간 한 번 해봐야 안 되다는 것이 증명이 될 것 아니겠느냐" 하는 것이 이승만의 의견이었다.

자신은 단독 정부 수립을 생각하고 있으면서도 합작을 권하는 이승만에게 김규식은 처음에는 "형님(김규식은 사적으로는 이승만을 형님이라고 불렀다)은 대통령 못하면 못살 사람이고 나는 대통 담배를 못 피우면 못살 사람이니 나를 대통이나 피우게 내버려 두시오"라고 퉁명스럽게 거절했다고 한다. 그러나 김규식은 결국 이승만의 권고 아닌 권고를 받아들이면서 "좌우 합작이 독립을 위한 단계라면 독립을 위하여 내가 희생하겠다. 형님이 나를 나무 위에 올려놓고 흔들어 댈 것도 안다. 또 떨어뜨린 후에는 나를 짓밟을 것도 안다. 그러나 나는 독립 정부를 세우기 위해 나의 모든 것을 희생하겠다. 내가 희생된 다음에 형님이 올라서시오"라는 말을 남겼다. 설사 실패로 끝난다고 하더라도 그리하여 이승만에게 어떤 곤욕을 치르더라도 자주 독립을 위해서라면 기꺼이 자신을 희생하겠다는 것이었다.

미소공동위원회가 공전된 사이 이승만은 남북을 망라한 '임시 정부' 수립 문제를 논의하려는 미소공동위원회 자체에 반대하면서 남한에서 반공을 바탕으로 한 단독 정부를 수립할 것을 공개적으로 주장하기 시작했다. 1946년 5월 20일에는 전라남도 목포에서 "미소공동위원회가 결렬되면 남조선에 단독 정부를 세워 38선을 깨트리고 소련군을 내어쫓고 북조선을 차지할 것이다"라고 발언한 데 이어 같은 해 1946년 6월 3일에는 전라북도 정읍에서 "남측만이라도 임시 정부 혹은 위원회 같은 것을 조직하여 38 이북에서 소련이 철퇴하도록 세계 공론에 호소하여야 될 것이다"라고 주장했다.

미군정의 정책 전환은 이승만과 김구에 가려 있던 김규식이 정국의 중심으로 진입하는 계기가 되었다. 그러면서 남한의 정치 세력은 이승만의 단독 정부 노선, 김규식과 여운형의 좌우 합작 노선, 김구의 신탁 통치 반대·임정 봉대 노선, 좌익의 미소공동위원회 속개 및 대중 투쟁 노선으로 분화되었다. 좌우 합작 노선이 하나의 정치 세력으로 등장하게 된 데는 미군정의 정책이 큰 영향을 미쳤지만 그것만이 유일한 요인은 아니었다. 미소공동위원회 휴회라는 정국의 변화에 능동적으로 대처하려고 한 중도파의 노력도 중요한 요인이었다.

통일 민주 국가를 목표로

김규식은 신한청년당과 극동민족대회에서 함께 활동한 적이 있던 여운형과 함께 1946년 5월부터 좌우 합작을 위한 협의에 들어갔다. 7월에는 공식 기구로 좌우합작위원회가 출범했다. 그렇지만 좌익의 합작 5원칙 발표와 이에 대응한 우익의 합작 8원칙 발표라는 공방을 거치면서 좌우 합작 운동은 중단 상태에 빠졌다.

이러한 상황에서 김규식은 좌우 합작이 실현되기를 바란다는 개인 성명서를 발표했다. 이 성명서에서 김규식은 "금일의 국내외 정세는 바야흐로 복잡 미묘하게 전개되어가고 있으며 우리 민족의 통일 여하는 민족 자존상 절대한 영향을 주는 사건이니 일국 편향으로 흘러 일국 세력에 의지하여 일국 세력을 배제하려는 망상을 버리고 우리는 일제로부터 우리를 해방시킨 위대한 미소 양 우방에 대하여 동등·동일적 선린 우호 정신으로 자주정부 수립을 실현하는 선결 요항으로 절대적인 좌우의 행동 통일을 요청하는 바이다. …… 위선 남한에서만이라도 좌우 합작을 속한 기간 내에 단연 실현하기로 하며 일면에 우리의 최긴급 목표나 절박한 문제를 강구 해결되도록 노력하면서 기차(其次)로는 남북의 합작 통일 실현까지에 매진하기로 한다"고 주장했다.

김규식은 좌우 합작 운동의 최대 목표를 "남북의 합작 통일 실현" 곧 통일 민족 국가의 수립에 두면서도 당시의 정세를 감안해 당면 목표를 우선 현실적으로 실현 가능한 남한 내의 양심적인 좌익 세력과의 합작 실현에 두고 있었던 것이다. 우리는 여기서 이상과 현실의 조화를 추구하는 김규식 정치 노선의 특징을 볼 수 있다.

김규식은 한반도를 둘러싼 정세의 특수성을 고려해 특정 이념이나 특정 강대국에 치우치는 것을 극도로 경계했다. 그럴 경우 필연적으로 강대국의 위성 국가로 전락할 것이 예견되었기 때문이다. 좌나 우로 치우치는 것 또는 소련이나 미국에만 의존하는 것은 자주적인 통일 민족 국가의 건설이라는 민족의 과제에 배치된다는 것이 김규식의 생각이었다.

김규식과 여운형 양측에서 좌우 합작에 대한 합의가 이루어진 것은 1946년 10월 4일이었다. 좌우 합작 7원칙이 바로 그것이다. 7원칙의 주요 내용을 보면 다음과 같다. 먼저 미소공동위원회의 속개와 모스크바 삼상회의 결정에 입각한 남북을 통한 '임시 정부' 수립을 강조하면서도 신탁 통치 문제에 대해서는 분명한 언급을 하지 않았다. 이는 '임시 정부'를 수립한 뒤에 신탁 통치 문제를 해결하자는 김규식의 주장이 반영된 것으로 보인다. 다음으로는 중요 산업의 국유화는 채택하면서도 토지 문제는 '몰수, 유조건 몰수, 체감 매상'에 의한 무상 분배안을 채택했다. 셋째, 친일파와 민족 반역자에 대한 처리는 장차 구성될 입법 기구에서 처리하도록 했다. 이러한 내용은 대체로 좌우의 입장을 절충한 것이었고 따라서 좌우 모두로부터 남한의 현실과 그에 따른 요구를 제대로 담아내지 못했다는 비판을 받았다. 이에 김규식은 좌우 합작 7원칙의 정당성을 다음과 같이 주장했다.

합작 7원칙의 노선은 첫째, 국제에 있어서 친소·친미·친중·친영의 평화적·평행적 정책을 수립합니다. 둘째, 국내에 있어서 친일파·민족 반역자 등을 제외하고 좌우 양익의 진정한 애국자를 총망라한 각 계급 연합 정권을 건립하는 데 이바지하려고 합니다. 셋째, 미소공동위원회의 속개와 그의 협조에 의하여 전국적 통일적 임시 정부를 수립하는 데 이바지하고자 합니다. 그리고 전국적 통일적 임시 정부가 수립되기 전에 우선 남한에 있어서 입법 기관을 통하여 미군정으로부터 행정과 사법권의 이양을 받아 좌우 양익의 진정한 애국자로 하여금 정권을 행사하게 하는 동시에 친일 잔재 등을 정부 각 기관으로부터 철저히 숙청하며 도탄에 빠진 민생 문제를 해결하여 토지 문제의 개혁과 지방 자치제의 실시와 언론·집회·출판·결사·사상 등의 자유를 확실히 실현하자는 것입니다.

합작 7원칙을 통해 김규식과 여운형 사이에서 좌우 합작이 이루어짐으로써 미군정이 기도하고 있던 또 하나의 정책 곧 미군정을 보완할 한국인 중심의 정치 기구로서 남조선과도입법의원(이하 입법의원)을 출범시킨다는 방침도 본궤도에 오르게 되었다. 그리하여 1946년 10월 말 입법의원의 민선 의원 45명을 선출하기 위한 선거가 전국적으로 실시되었다.

입법의원을 '임시 정부' 수립의 교두보로 삼으려는 김규식의 구상과는 달리 선거 결과 좌우 합작을 부정하는 우익, 그것도 친일파가 대거 당선되었다. 이에 미군정은 일부 지역에서는 재선거를 실시하고 중도파를 대거 관선 의원으로 임명했으나 여운형 등은 끝내 입법의원에의 참여를 거부했다. 이러한 우여곡절 끝에 12월 12일 입법의원이 출범했고 김규식은 의장으로 선출되었다.

김규식은 애초에 입법의원을 통해 한국인에게 정권을 이양하겠다는 미군정의 방침에 대해 회의적이었다. 따라서 처음에는 입법의원에 불참하기로 했다. 그러나 입법의원을 통해 중도우파를 육성함으로써 결과적으로는 우익의 힘을 강화하려는 의도를 갖고 있던 미군정이 김규식과 안재홍을 통해 점차 정치 권력을 이양하겠다는 방침을 재차 천명하자 김규식은 입법의원 참여를 통해 좌우 합작 및 남북 합작에 나서는 한편 자주적인 통일 민족 국가 수립에 대비하는 것이 당시 정세로는 최선의 길이라고 판단했다.

입법의원 의장 취임사 가운데 "최소한 기간 내에 우리의 손으로 우리를 위한 우리의 임시 정부를 산출하여 안으로는 완전 자주 독립의 국가를 건설해야" 한다는 구절에는 세간의 비난에도 불구하고 입법의원에 참여한 김규식의 소회가 잘 담겨 있다. 김규식은 민족 자주 정신의 바탕 위에서 남북을 망라한 확대된 입법의원을 구성하고 입법의원을 통해 완전 자주 독립 국가를 건설해야 한다는 점을 역설한 것이다. 이러한 의미에서 볼 때 이때부터 남북을 통합한 총선거를 구상하면서 자신의 정치적 구상을 구체화하고 북한과의 협상을 염두에 두기 시작한 것으로 보인다.

그러나 우익이 민선을 통해 대거 입법의원에 진출함에 따라 김규식의 구상은 처음부터 벽에 부딪힐 수밖에 없었다. 토지 개혁 법안 등 중도파가 제안한 개혁 입법이 우익의 반대로 모두 폐기된 것은 미군정의 후원 아래 사회민주주의적 산업 경제 제도를 구축하려는 중도파의 국가 건설론이 좌절되었음을 의미했다. 나아가 중도파 의원들이 중심이 되어 마련한 친일파 처벌 법안도 우익의 반대로 모호한 내용의 법안으로 변질되고 말았다. 따라서 좌우 합작 7원칙에서 주장했듯이 입법의원에서 친일파 및 민족 반역자 문제를 처리하겠다는 중도파의 구상은 실패로 돌아가고 말았다. 좌우합작위원회 대신에 입법의원을 통일 민족 국가 수립을 위한 거점으로 삼으려던 김규식의 구상이 결코 실현될 수 없을 꿈이라는 사실이 하나둘씩 입증되고 있었던 것이다.

더욱이 중도파가 크게 기대하고 있던 2차 미소공동위원회가 1947년

5월 속개되었으나 1차 미소공동위원회 때와 마찬가지로 곧 미국과 소련의 입장 차이만 확인하고 휴회 상태로 들어갔다.

   1947년 6월 16일에는 김규식의 집에 괴한이 침입하려다 미수에 그치는 사건이 일어났다. 김규식이 습격의 대상이 된 것은 해방 이후 처음 있는 일이었다. 그렇지만 김규식은 테러 위협에 굴하지 않았다. 1947년 6월에는 좌우합작위원회를 더 확대했다. 김규식과 여운형이 두 주석을 맡는 것은 이전과 같았지만 안재홍, 원세훈, 최동오, 김붕준, 여운홍, 박건웅, 정이형鄭伊衡 등의 종전 위원에 새로 이극로, 김호金呼, 신숙, 오하영吳夏永 등 17명의 위원을 보강한 것이다.

   그리고 1947년 7월 3일에는 '임시 정부' 수립에 찬성하는 60여 명의 정당·사회 단체 대표가 모여 시국대책협의회를 결성했다. 그러나 좌우 합작 운동에 결정적으로 어두운 그림자를 드리우는 사건이 1947년 7월 19일 일어났다. 좌우 합작 운동에서 김규식과 함께 중심에 있던 여운형이 암살된 것이다. 이어 같은 해 9월에는 미국이 미소공동위원회를 통해 한국 문제를 해결할 가능성이 없어진 이상 한국 문제를 유엔에 이관해 남한에서의 단독 정부 수립을 추진하겠다는 의사를 밝혔다.

자주적 통일 정부를 위한 남북협상

2차 미소공동위원회의 좌절 이후 일련의 상황은 김규식에게 큰 위기로 다가왔다. 이에 김규식은 중도파의 통합 운동을 전개하는 것으로 대응했다. 먼저 1947년 8월 말부터 홍명희, 안재홍, 김병로, 원세훈 등과 함께 '민족 중앙 진영' 곧 중도파 강화에 대해 논의를 거듭한 끝에 9월 들어서는 '일대 신당 결성' 방침을 확정했다. 신당은 민족 국가로의 독립, 정치적·경제적 완전 자립을 표방한다는 것도 결정되었다. 그리하여 극우와 극좌를 모두 배제하는 민주독립당의 결당대회가 1947년 10월 19일과 20일 이틀에 걸쳐 열렸다. 모두 김규식이 당을 이끌어 주기를 원했지만 김규식은 끝내 당 대표를 고사했다. 대신 김규식의 삼고초려로 홍명희가 민주독립당 대표를 맡았다. 홍명희는 당 대표에 취임하면서 민주독립당의 목표가 독립의 전취, 민족 통일의 완성에 있다는 것을 다시 한 번 밝혔다.

김규식은 민주독립당의 전면에 나서지 않는 대신 민주독립당을 포함해 더 넓은 범위의 정당·사회 단체를 망라한 민족자주연맹을 결성하는 데 온힘을 기울였다. 그 결과 좌우합작위원회, 시국대책협의회 외에 1947년 1월 이극로, 정이형, 조봉암(曺奉岩) 등의 주도 아래 통일 전선과 좌우 합작을 표방하면서 출범한 민주주의독립전선과 다시 1947년 5월 민주주의독립전선의 주도 아래 출범한 미소공위 대책 각정당사회단체협의회(주석 김규식, 부주석 이극로)까지 포함한 4개의 연합 단체와 14개 정당, 25개 사회 단체로 구성된 민족자주연맹이 결성되었다. 민족자주연맹의 선언, 강령, 정책 가운데 중요한 내용은 다음과 같다.

선언

금일의 조선에는 독점 자본주의 사회도 무산 계급 독재 사회도 건립될 수 없고 오직 조선의 현실이 지시하는 조선적인 민주주의 사회의 건립만

이 가능하다. 이것은 어떠한 국가의 세력이나 어떠한 사상의 역량으로도 변경할 수 없는 역사적 귀결이다. 그러므로 우리는 조선을 민주주의화할 뿐만 아니라 또한 민주주의를 조선화하여야 할 것이다.

강령

- 우리는 새로운 민주주의 독립 국가의 건설 대업을 완수하기 위하여 전 민족의 정신 성결誠結을 기함.
- 우리는 전 민족이 평화 속에서 정치·경제·사회·문화적으로 평등한 권리와 자유와 행복을 얻기 위하여 현재의 모든 애국적인 각계각층의 그 부동不同한 요구를 민주주의적으로 조화·통일하며 그 공통한 요구를 강력히 실천하기로 함.
- 우리는 일체 사대적 의타성을 청소하고 민족적 자부심과 국가적 자주 의식을 고취하여 자력 건설에 노력함.
- 우리는 동포 호상간의 친애 정신을 발휘하며 일체 종파적 아집과 독선적 태도를 버리고 무의미한 동족 상잔의 행동을 근절하기에 노력함.
- 우리는 민족 자주 평등의 원칙 하에서 연합국에 대한 친선 정책을 취하기로 함.

정책

- 민주주의 제 정당 사회 단체와 개인을 총망라하여 어느 계급 어느 종파의 영도성을 떠난 진정한 민족 통일 기구의 재편 강화에 노력함.
- 남북 통일 중앙 정부의 조속 수립을 촉진시키기 위하여 남북 정치 단

체 대표자 회의의 개최를 주장함.
- 친애 단결하고 호조 합작하는 도의적 정신, 특히 공작과 학습을 권실(勸 實)히 하는 신흥 국민의 신작풍, 신도덕의 함양에 노력함.
- 직장 지역별로 계몽 사업을 적극 추진할 것을 주장함.
- 우리는 신문화의 대중적 향상 발전을 도하며 고유 문화의 우수성을 더욱 발휘하여 새로운 민족 문화의 발전을 기함.

민족자주연맹의 노선에 나타난 특징으로는 자주 독립의 중시, 미소 간의 친선 강조, 조선식 민주주의 사회의 건립 등을 들 수 있다. 민족자주연맹은 독점 자본주의 사회도 프롤레타리아 독재 사회도 모두 배격하는, 이른바 제3의 길을 주장했다. 민족자주연맹이 지향한 바는 일제강점기 이래 김규식이 강조해 온 민족운동의 노선과 일치하는 것이었다. 거기에는 민족 문제의 해결을 위해서는 무엇보다도 계급간 타협과 조화가 요구되는 상황임에도 불구하고 극우 세력과 극좌 세력이 현실과 동떨어진 길을 걸어가고 있다는 인식이 깔려 있었다.

민족자주연맹에게 있어 그리고 김규식에게 있어 민족 문제는 계급 문제보다 우월한 것이었다. 이러한 민족 문제의 해결 곧 자주적인 통일 민족 국가의 수립을 위해서는 무엇보다도 민족 단결과 민족적 통일 기구를 결성하는 것이 시급하다는 것이었다.

그러나 민족자주연맹이 출범한 뒤에도 한반도를 둘러싼 정세는 중도파에게 불리한 방향으로 계속 진행되었다. 남한에서의 단독 선거 여부를 결정하기 위한 유엔 한국위원단이 1948년 1월 서울을 방문함으로써 단독 정부 수립은 점차 기정사실이 되어가고 있었다.

이에 김규식은 이전부터 구상해오던 북한과의 직접 협상이라는 계획을 실행에 옮기기 시작했다. 1948년 2월 4일 민족자주연맹은 남북 통일 정부를 세우는 문제를 논의하기 위해 남북 요인 회담을 개최할 것을 요망하는 서한을 김일성과 김두봉에게 보내기로 결정했다. 이보다 앞선 1월 26일에는 그동안 김규식과 노선을 달리 하던 김구가 남북 요인 회담 후 총선에 의해 통일 정부를 수립하는 것이 바람직하다는 견해를 밝힌 바 있었다. 계급 문제보다는 민족 문제를 중시한다는 점에서는 공통의 요소를 갖고 있으면서도 오랫동안 경쟁 관계에 있던 우익의 김구와 중도파의 김규식 사이에 합의가 이루어짐으로써 남북 지도자 회의는 새로운 단계에 들어서게 되었다.

1948년 2월 16일에는 김구와 김규식의 공동 명의로 남북 지도자 회의를 촉구하는 서한을 북한에 보냈다. 그러나 평양에서 회답이 오기도 전에 입법의원의 신익희, 서상일徐相日 등이 1948년 2월 19일 남한만의 총선거 실시를 유엔 한국위원단에 요청하는 긴급 동의안을 제출했다. 김규식 등 관선 의원들이 대거 퇴장한 가운데 기립 표결로 동의안이 처리되자 격분한 김규식은 의장 사임원을 제출했다. 그러자 서상일 등 단독 정부 수립을 지지하는 세력은 김규식의 사임을 받아들일 것이 아니라 불신임해야 한다면서 의장 불신임안을 긴급동의로 냈다.

그 와중인 1948년 2월 26일에는 유엔 소총회에서 남한 단독 선거안이 통과되었다. 여기에 대해 김규식은 이른바 단독 선거 불참가·불반대의 입장을 밝혔다. 물론 단순히 불참가·불반대의 태도만을 고수한 것은 아니었다. 새로운 국면에 대응하기 위한 노력은 계속되었다. 1948년 3월 11일에는 남한 단독 정부 수립에 반대하는 7거두(김구, 김규식, 김창숙, 조소앙, 조성환, 조완구, 홍명희) 성명이 발표되었다. 이 성명에서 김규식 등은 "삼팔선을 국경선으로 고정시키고 양 정부 또는 양 국가를 형성하게 되면 남북의 우리 형제자매가 미소전쟁의 전초전을 개시하여 총검으로 서로 대하게 될 것이 명약관화한 일"이라고 주장했다.

그러는 동안 남북 지도자 회의 제안에 대한 북한의 회답이 1948년 3월 15일 평양방송을 통해 전달되었다. 4월 초에 남북 지도자 연석 회담을 여는 데 동의한다는 것이었다. 그러고는 단독 정부 수립을 반대하는 남한의 남조선노동당, 한국독립당, 민주독립당 등 17개 정당·사회단체를 단체 대표단 연석 회담에 초청하고 김규식과 김구 앞으로는 따로 초청 서한을 보냈다.

당시 남한에서 단독 정부 수립을 추진한 것은 이승만 계열과 한민당 계열이었다. 이에 김규식과 김구는 1948년 4월 3일 단독 정부 반대 운동의 중심체로 "통일 독립운동자의 총역량 집결을 기함, 민족 문제의 자주적 해결을 도모함, 민족 강토의 일체 분열 공작을 방지함"이라는 강령을 내건 통일독립운동자협의회를 결성했다. 한국독립당과 민족자주연맹을 바탕으로 여러 정당·사회 단체가 여기에 모임으로써 이제 좌우를 떠나 이데올로기보다는 민족 문제를 중시하는 세력이 다시 손을 잡게 된 것이다. 이날 결성대회에서 김규식은 남북 협상에 대한 자신의 입장을 다음과 같이 밝혔다.

남북 회담 한다고 바로 독립이 되는 것은 아니다. 남북이 서로 양보해서 성공된다면 환희로 돌아오겠지만 이것이 또 피흘리지 않고 소련에 집어 넣는 것이 되지나 않을까 하는 의심되는 바가 없지도 않다. 또한 남조선 단독 선거·단독 정부 때문에 남북이 영영 분열되고, 분열되기 때문에 북조선에 20만의 인민군이 있으니, 남조선에 정부가 서도 그 정부는 며칠 못 갈 것인데, 그때 가서는 남조선까지 공산화시키고 피를 흘리고 소련의 연방이 안 된다고 누가 전도를 단정할 것인가? 그러기 때문에 남조선 단독 선거·단독 정부도 반대하는 것이다. ……

우리의 목적을 달할 때까지는 우리의 일을 우리끼리 한다고 하고서 만일 남북 회담이 깨진다고 하여 그때 가서 미국에나 소련에다 또 우리 독립을 시켜주시오 할 수는 없으니, 우리가 끝장을 보고야 말 것을 알고 있어야 한다. 우리는 오늘날까지 남에서는 미에, 북에서는 소에 의뢰하고 독립을 기대해왔으나, 미소공동위원회나 유엔에서 독립이 되었던가? 남북 회담의 첫 결과가 좋거나 나쁘거나 우리 일은 우리의 손으로 한다고 하였으니, 흥해도 우리 힘으로 흥하고 망해도 우리 손으로 할 것이다. 이제는 막다른 골목이니, 한 번 해서 안 되면 열 번이고 백 번이고 계속하여 생명 있을 때까지 하고야 말 것이며, 할 수밖에 없다. 여러분은 우리가 가는 길이 마지막 길인 줄 알아야 하며, 막다른 길인 줄 알아주시기 바란다.

김규식의 연설은 주목을 끌었다. 당시 신문에 "김박사는 해방 후 전례 없는 열변으로 조국의 위기를 통탄하며, 이제는 독립 전취의 유일한 방법은 민족 자결 원칙에 의거할 뿐 다른 도리가 없으며, 이에 실현 초보 공작으로 남북 회담이 개최하게 되었으나, 최후를 각오하고 성공에 매진할 뿐이라는 비장한 소신을 장시간에 걸쳐 피력하였다"라고 보도될 정도였다. 스물 안팎의 나이에 로녹대학에 다니면서 미국 학생들도 놀라게 했던 웅변 실력이 민족의 위기 앞에서 전례 없는 열변으로 나타난 것이다.

그러나 김규식의 열변 속에는 남북 회담이 별 성과 없이 끝날지도 모른다는 우려도 짙게 깔려 있었다. "남북 회담이 성공하리라고 너무 믿어서는 안 된다. 북한 측에서는 도저히 용납할 수 없는 조건을 내놓기가 쉽다. 이러한 때에는 우리 강토를 차라리 황해 바다에 집어넣는 것이 좋다. 그러니 이번 회담의 희망은 매우 박약한 것이다. 그리고 그곳에 가는 사람들은 모든 희생을 잘 알고 각오하고 가는 것이다"라는 말 속에는 실패가 예상되는 평양행을 강행할 수밖에 없는 절박함이 잘 담겨 있다.

1948년 4월 19일 김구가 우익 진영의 극렬한 반대를 무릅쓰고 평양에 가기 위해 먼저 서울을 떠났다. 김규식은 북행에 앞서 민주 국가의 건립, 사유 재산 인정, 통일 중앙 정부 수립, 외국의 군사 기지 반대, 미소 양군의 철퇴 등 협상 5원칙을 제시했는데 이를 수용한다는 회답을 받자 김구보다 이틀 뒤에 서울을 떠나 22일 평양에 도착했다. 동족상잔만은 막아야 한다는 이유 때문에 김규식은 오랜 고심 끝에 미군정의 만류에도 불구하고 남북 협상에 참여하기 위해 북행을 결심한 것이다.

1948년 4월 26일 김규식, 김구, 김일성, 김두봉의 이른바 4김 회담이 열렸다. 김규식은 이 자리에서 자신이 남한 단독 선거에 반대한다는 것을 분명히 밝혔다. 그러면서도 남한 단독 선거가 연석 회의에서 해결될 수 있는 문제가 아니라는 점도 분명히 했다. 그보다는 모두가 동의할 수 있는 문제에 대해 협상하는 것이 바람직하다는 게 김규식의 입장이었다. 그러면서 남북 사이의 긴장 관계를 완화하기 위해 우선 우편물의 교환이나 북한의 전기를 남한에 공급하는 문제의 해결 등을 제안했고, 이에 대하여 북한 측은 남한에 계속 전기를 공급할 것이고 연백수리조합을 개방해 38선 때문에 농사에 필요한 물을 받지 못하던 연백평야에 물을 공급할 것을 약속했다. 더 중요한 것은 김규식이 북행에 앞서 북한 측에 제시한 협상 5원칙에 대해 김일성과 김두봉으로부터 다시 한 번 동의를 이끌어냈다는 사실이다.

김규식은 이틀 뒤에 열린 김일성과의 회담에서도 남북 지도자 회의가 단지 남한의 단독 선거를 논의하기 위한 것이어서는 안 된다는 점을 분명히 한 뒤 "통일 조선을 창조하는 미래의 초석이 될 남북 연합 기구 창설"을 주장했다. 남북을 아우르는 통일 정부의 꿈을 실현하기 위한 제안을 한 것이다. 김규식의 제안에 대해 김일성과 김두봉이 구체적으로 어떤 반응을 보였는지는 알려져 있지 않다. 다만 4김 회담에서 합의된 내용을 바탕으로 작성되고 1948년 4월 30일 남북의 여러 정당·사회 단체 대표들의 서명을 받아 발표된 공동 성명서를 통해 그 윤곽만을 유추할 수 있을 뿐이다. 공동 성명서의 요지는 다음과 같다.

1. 소련이 제의한 바와 같이 우리 강토에서 외국 군대가 즉시 동시에 철거하는 것은 조선 문제를 해결하는 가장 정당하고 유일한 방법이다.

2. 남북 정당·사회 단체 지도자들은 우리 강토에서 외국 군대가 철퇴한 후에 내전內戰이 발생할 수 없다는 것을 확인하며, 또 그들은 통일에 대한 조선 인민의 지망志望에 배치하는 여하한 무질서의 발생도 용서하지 않을 것이다. 남북 정당·사회 단체들 간에 전취戰取할 약속은 우리 조국의 완전한 질서를 확보하는 튼튼한 담보이다.
3. 외국 군대가 철퇴한 이후 다음의 제 정당·사회 단체들은 공동 명의로써 전 조선 정치 회의를 소집하여 조선 인민의 각계각층을 대표하는 민주주의 임시 정부가 즉시 수립될 것이며 국가의 일체 정권은 정치·경제·문화 생활의 일체 책임을 가지게 될 것이다. 이 정부는 그 첫 과업으로 입법 기관을 선거할 것이며, 선거된 입법 기관은 조선 헌법을 제정하며 통일적 민주 정부를 수립해야 할 것이다.
4. 상기 사실에 의거하여 본 성명서에 서명한 제 정당·사회 단체들은 남조선 단독 선거의 결과를 결코 승인하지 않을 것이다.

이상과 같이 공동 성명서는 외국 군대 즉시 철거, 내전 발생 불허, 전 조선 정치 회의를 통한 민주주의 임시 정부 수립, 남한 단독 선거 반대 등의 내용을 담고 있었다. 이 가운데 전 조선 정치 회의를 개최한다는 항목에 주목할 필요가 있다. 김규식과 김구가 남북 협상 제의 후에 일관되게 주장하던 통일 독립 정부 수립안을 인정한 것과 마찬가지이기 때문이다. 이는 북한에서 이미 만들어 놓은 헌법을 부정하는 의미마저 갖는 것이었다. 물론 남한에서의 단독 정부 수립이 기정사실이 되고 있던 상황에서 이 성명서의 주장이 실현될 가능성은 별로 크지 않았지만 남북의 구체적 합의를 통해 통일 국가를 향해 노력하기로 했다는 사실 자체는 중요한 역사적 의미를 갖는다. 그것은 김규식이 민족운동에 몸을 담은 이래 줄곧 추구해온 민족 해방과 자주적 통일 민족 국가 수립이라는 지향이 적어도 논리적으로 정당성을 얻는 것이기도 했다.

평양에서 돌아온 김규식과 김구는 1948년 5월 6일 공동 성명을 발표했다. 평양행을 통해 남한만의 단독 선거를 반대하며 미소 양군의 철퇴를 요구하는 데 의견이 일치한다는 것을 확인했고 북한 당국자들도 단독 정부를 절대로 수립하지 않겠다는 확언을 받았다는 것이 주요 내용이었다. 이처럼 김규식은 해방되었다고 여긴 조국이 일본 대신 미국과 소련에 의해 다시 점령되었다는 인식을 바탕으로 미소 양군을 한반도에서 철수시켜 자주적인 독립 국가를 세우는 것만이 꿈꾸었던 바를 실현하는 길이라고 굳게 믿었다.

미소 양군의 철수 문제를 구체적으로 실행하기 위해 북한에서는 김두봉이 소련 점령군 사령관에게 남한에서는 김규식 등이 하지에게 남북 협상에서 합의한 협의안을 전달했다. 이에 대해 하지는 "유엔의 결의안에는 전 조선에 걸쳐 총선거를 실시한 후 한국 국민 정부가 수립되면 가급적 속히 양군이 철퇴할 것이 규정되어 있다"고 하면서 정부 수립 후의 철군을 고집했고, 소련 점령군 사령관은 "소련 정부는 조선으로부터 미군이 동시에 철퇴한다면 조선에서 소련군은 즉시 철퇴할 준비가 완료되었다"고 해 양군 동시 철수를 주장했다.

남북 협상파의 반대에도 불구하고 예정대로 1948년 5월 10일 남한만의 단독 선거가 실시되었다. 이에 남북 협상의 주도 세력인 한국독립당과 민족자주연맹은 통일 정부가 아닌 한 그 어떤 정부에도 참여하지 않는다는 뜻을 밝혔다. 선거 불참을 선언한 것이다. 선거 결과 948명의 후보자가 출마해 198명이 당선되었다. 당선자 다수가 한민당과 이승만 계열의 인물들이었다.

선거가 실시된 뒤 북한은 해주에서 제2차 남북 협상을 열 것을 제의했다. 이에 김규식과 김구는 북에 머물고 있는 홍명희를 서울로 오게 해서 남북 회담에 앞서 미리 의논할 것을 요청했지만 실천되지는 않았다. 북한에서는 6월 29일부터 7월 5일까지 평양에서 남북제정당사회단체 지도자협의회를 열어 남한의 국회를 불법 조직체로 규탄하고 북한만의 선거에 의해 조선최고인민회의를 출범시켰다. 그리고 외국 군대의 동시 철수와 제2차 남북 회담을 제의했다.

그러나 김규식과 김구는 북한이 남북 회담을 제의한 데는 북한에서의 단독 정부의 수립에 대한 동의를 얻으려는 의도가 있다고 보고 북한의 제의를 거절했다. 김규식과 김구는 1948년 7월 19일자 공동 성명을 통해 북한의 인민공화국 선포와 국기 제정에 대해 "시기와 지역과 수단 방법에 있어서 차이가 있을지언정 반 조각 국토 위에 국가를 세우려는 의도는 일반"이라고 규정하고 인민공화국에 대한 반대 의사를 표명했다. 남북 협상에 참여해 어떻게 해서든지 통일 정부를 수립하려고 하던 김규식과 김구의 노력은 남한의 단독 선거로 협상의 발판을 잃었고 북한에서의 또 다른 단독 정부 수립으로 완전히 무산되고 말았다.

1948년 7월 20일 이승만은 선거에 의해 구성된 국회에서 대한민국의 초대 대통령으로 당선되었다. 그러나 통일 국가 수립운동은 이후에도 계속되었다. 이승만의 대통령 당선일 다음 날인 1948년 7월 21일 "통일·독립운동자의 총역량을 집결하고 민족 문제의 자주적 해결을 기하여 민족 강토의 일체 분열 공작을 방지한다" 등을 주요 강령으로 내세운 통일독립촉진회가 출범했다. 통일독립촉진회의 구성 단체는 한국독립당, 민족자주연맹, 근로인민당, 근로대중당, 민주한독당, 신진당, 청우당, 보국당, 민중동맹 등이었다.

통일독립촉진회의 회장에는 김구, 부회장에는 김규식이 선출되었다. 김규식은 파리에서 열리는 유엔 총회의 대표로도 선출되었다. 김구와 김규식은 남한과 북한에서의 단독 선거가 유엔 감시하의 남북한 총선거라는 유엔 결의에 어긋나는 것이며 따라서 단독 정부를 부정하고 통일 정부의 수립을 희망하는 통일독립촉진회의 대표가 유엔 총회에 참석해 발언할 기회를 달라는 편지를 유엔에 보냈다. 정부만이 유엔 한국위원단을 상대할 수 있다고 주장하던 이승만의 생각과는 달리 김규식과 김구는 유엔 한국위원단을 상대로 통일 운동을 전개했다.

남한과 북한 모두에서 단독 정부가 수립되는 등 상황은 계속 나빠지고 있었지만 분단을 극복하고 통일 정부를 세우려는 김규식의 의지는 꺾이지 않았다. 그러나 통일 민족 국가 수립을 위한 열기는 1949년 6월 26일 김구가 안두희에게 암살됨으로써 급속하게 식어들었다. 여운형에 이어 김구마저 잃은 상황에서 김규식 홀로 분단 극복을 외치기는 힘들어진 것이다.

북에서 숨을 거두다

김규식은 자주적 통일 민족 국가 수립의 꿈을 포기하지 않은 채 남북의 무력 충돌을 방지하기 위해 고심했다. 그러나 이상과 현실 사이의 괴리는 너무 컸다. 남한에서 단독 정부가 들어서고 북한에도 단독 정부가 들어서면서 김규식이 내세운 불참가·불반대의 논리는 현실 정치에서 중도파의 입지를 계속 위축시켰다.

김구의 사망으로 충격과 울분에 잠겨 1년여의 시간을 보내던 김규식은 1950년 5월 30일 두 번째로 치러진 총선거 때 주위 사람들로부터 정계에 진출하라는 권유를 받았다. 이제 분단이 기정사실이 되었으니 선거에 참여해 국회에 들어가서 정치 신념을 펼치는 것이 더 좋지 않겠냐는 것이었다. 그러나 단독 정부에 참여하지 않겠다는 소신에는 변함이 없었다. 김규식은 자신의 신념을 꺾고 단독 정부에 참여하기에는 민족적 양심이 허락하지 않았기 때문에 일체의 정치 활동을 그만두었다.

그러던 1950년 6월 25일 전쟁이 일어났다. 서울을 점령한 북한군이 김규식이 살고 있던 삼청동 집을 공관으로 사용하겠다고 요구해 김규식은 계동으로 다시 원서동으로 옮겨 다녔다. 1950년 9월 17일 서울시 인민위원장 이승엽李承燁의 이름으로 김규식에게 서울시청에 출두하라는 통지가 왔다. 김규식은 북한의 납치 계획을 눈치 채고 피신할 준비를 했지만 미처 피신하기 전에 이승엽이 보낸 사람들에 의해 끌려가고 말았다. 김규식은 최동오 등과 함께 1950년 9월 27일 북한군 트럭으로 임진강을 건너 10월 2일 평양에 도착했다. 그리고 1950년 10월 10일 연합군의 평양 공습이 시작되자 더 북쪽으로 끌려갔다. 납북 이전부터 건강이 극도로 나빠 심장병, 위장병, 불면증 등으로 여러 약을 복용했는데 무리한 북행은 김규식의 병세를 더욱 악화시켜 거동하기도 힘든 상태가 되었다.

1950년 10월 23일 자강도(옛 평안북도) 만포군의 작은 산골마을에 도착한 김규식은 간신히 만포 근처의 군병원에 입원할 수 있었다. 입원했다고는 하지만 천식이 악화되어 거의 음식을 먹지 못해 병세는 더 나빠졌다. 불행한 역사의 무게를 계속 견디기에는 몸도 마음도 이미 따라갈 수 없는 상황이 된 것이다.

1950년 12월 초 병세가 위태롭다는 소식을 전해들은 조소앙, 최동오, 원세훈 등 옛 동지들이 문병을 갔을 때 김규식은 기침 때문에 밥은커녕 미음조차도 제대로 입에 대지 못하고 뼈만 앙상하게 야위어 있었다. 이미 몸을 움직일 수 없는 상태에서도 김규식은 때때로 기력이 회복되면 지켜보던 사람의 손을 잡고 눈물을 흘리면서 "나라의 통일도 못해 놓고 이렇게 눕게 되었으니"라는 말을 되풀이하고는 했다. 또 "내 나이 70이지만 나라를 통일시켜 놓고 기뻐하는 남북 겨레들의 얼굴을 보고 죽었으면 여한이 없으련만"이라고 하면서 비감한 심정을 토로하기도 했다.

혼수 상태 속에서도 '조국'과 '통일'이라는 두 마디 말을 자주 되뇌었다. 그나마 의식이 돌아왔을 때 남긴 "내가 살아온 생애는 하나부터 열까지 나라와 민족의 독립과 통일을 위한 것이었다. 한 걸음 한 발자국을 걷고 옮길 때도 언제나 머릿속에는 그 생각뿐이었다고 해도 과언이 아

평양의 묘소

니다"라든지 "내가 일어나지 못하고 이대로 쓰러지면 조국 통일의 완성은 누가 해줄 것인가. 우리는 반드시 통일을 해야 해. 남도 북도 같은 민족이고 좌익도 우익도 같은 민족이다. 조상과 핏줄이 하나인 민족이 왜 통일을 할 수 없겠는가. 반드시 할 수 있다는 신념을 가지고, 꼭 해야 한다는 의지와 책임감을 가지는 것이 무엇보다 중요하다"라는 말은 결국 김규식이 민족에게 남긴 유언이 되고 말았다.

1950년 12월 10일 김규식은 오랜만에 안정을 찾은 듯해 간병하고 있던 사람들이 잠깐 휴식을 취하는 사이에 병세가 갑자기 악화되어 한밤중에 잠을 자듯이 숨을 거두었다. 조국과 민족을 위해 모든 것을 바쳤지만 임종을 지키는 이 한 명 없는 쓸쓸한 죽음이었다.

김규식의 유해는 1950년 12월 12일 만포 부근 야산에 묻혔다가 1970년대 말 북한 당국에 의해 평양의 애국열사능으로 이장되었다. 그리고 오랫동안 납북 인사라는 이유로 대한민국에서 독립운동의 공적을 인정받지 못하다가 1989년에야 건국훈장 중장(현재는 대한민국장)이 추서되었다.

오직 독립과 통일을 위해 바친 삶 08

김규식의 삶은 개인적으로 보면 기구했다. 어려서 부모를 잃고 고아가 되었고 첫 번째 부인과는 결혼 10여 년만에 사별했다. 첫 번째 부인과 두 번째 부인 사이에 여섯 자녀를 두었지만 그 가운데 첫째 아들, 첫째 딸, 둘째 딸이 채 열 살도 되기 전에 세상을 떠났다.

또한 어려서부터 몸이 약해 평생 병치레를 해야 했다. 어렸을 때 얻은 위장병이 평생을 갔으며 1920년에 한 뇌종양 수술 후유증으로 죽을 때까지 간질병과 만성두통을 안고 살았다. 1920년대에 이미 김규식의 건강이 좋지 않다는 사실이 국내 언론에 보도될 정도였다. 생계를 해결하기 위해 그리고 건강을 추스르기 위해 잠시 독립운동의 일선에서 물러나 중국의 여러 대학에서 교수 생활을 할 때도 강의 시간에 혼절하기 일쑤였다.

해방이 된 후에도 좌우 합작 운동과 통일 운동 과정에서 김규식의 건강은 늘 그의 발목을 잡을 수 있는 시한폭탄과도 같았다. 해방 후 한때 김규식을 남한의 최고 정치지도자로 내세울 구상을 하던 미군정 쪽에서

'약골(sickly)'이라는 별명을 붙인 것만 보아도 김규식의 건강 상태를 알 수 있다. 광복 후 어느 기자가 그와 인터뷰를 하는데 "어디가 편찮으신 것이냐?"고 물었더니 김규식은 "차라리 안 아픈 곳이 어디냐고 묻는 게 더 빠를 것이오"라고 대답했다.

김규식은 어렸을 때 서구 근대와 접한 뒤 평생 자신의 직분이 교육과 학문에 있다고 생각했다. 미국 유학 시절에 이미 영어를 비롯해 8개 국어를 할 줄 알았으며, 20대의 나이에 서구 문법과 비교해 한글 문법의 체계화를 모색할 정도로 언어에는 천부적인 자질이 있었다.

파리강화회의에서 같이 활동하던 여운홍은 김규식을 "영, 독, 일, 중국 말까지 6국 말을 다 아는 어학의 천재"라고 평가했다. 당시 김규식을 알던 사람이면 누구나 여운홍과 같은 생각을 갖고 있었다. 상하이에서 함께 지내던 홍명희도 "김규식 씨라고 하면 이름을 들어 알 만한 사람이면 누구나 그 영어 잘하는 것을 칭도稱道합니다. 성인이라야 성인을 안다니 우리는 건성으로 칭도나 하지만 다른 영어 잘한다는 사람들도 그의 구음口音 좋은 것을 탄복하는 이가 많습니다. 만호의 어학 재주는 남의 믿지 못할 것이 있습니다. 프랑스어는 미국서 학교다닐 때 조금 배웠던 모양인데 전에 자기 말이 조금만 힘쓰면 강의 듣기는 무난할 정도라고 하더니 연전에 파리 갔을 때 적지 아니 닥달이 되었을 터이니까 프랑스어도 상당히 할 것이고 한어漢語는 우리가 상하이서 같이 지낼 때 벌써 곧잘 하였으니까 지금은 능수능란할 것이고 장가구에 있는 서양 사람 회사에 잠깐 가서 있는 동안 러시아어에 소양을 얻었고 배운 사이 없이 일어는 잘합니다"라고 평가했다.

그러므로 김규식은 마음만 먹으면 얼마든지 학자로서 교육자로서 안락한 삶을 누릴 수 있었다. 그러나 빼앗긴 조국을 되찾겠다는 열망이 김규식으로 하여금 개인적인 희망을 버리고 나라와 민족을 위한 길을 걷도록 했다. 김규식은 독립운동 전선이 자신을 필요로 할 때면 늘 앞장서서 독립운동 진영의 단결과 통합을 이루는 데 혼신의 힘을 다했다.

김규식은 일찍이 기독교에 입문했고 미국의 대학에서 공부했다. 어학의 천재라는 이야기를 들을 정도로 외국어에 능했고 특히 영어 실력은 미국인도 감탄할 만큼 발군이었다. 게다가 모교인 로녹대학에서 명예 박사 학위를 받아 죽을 때까지 '김박사'라는 애칭으로 불리기도 했다. 즉 전형적인 친미파의 조건을 갖추고 있었던 셈이다. 그러나 김규식은 친미파가 아니었고 그렇다고 반미파도 아니었다. 대학에서 공부할 때부터 한반도의 운명을 좌우하는 것이 국제 정세의 변화라는 것을 절감하고 늘 국제 정세가 어떻게 바뀌는지 예의 주시했다.

김규식은 한반도를 둘러싼 여러 열강과의 관계를 중시하면서도 특정한 열강에만 의존하는 행태를 벗어나려고 노력했다. 김규식에게 미국은 여러 열강 가운데 하나, 그것도 제국주의 국가 가운데 하나일 뿐이었다. 따라서 김규식은 미국의 힘에만 의존하는 독립운동에 대해 비판적이었고 해방 이후에도 남한을 점령한 현실적인 존재로서의 미국을 인정하되 민족의 자주성만은 포기하지 않는 노선을 걸었다.

김규식은 독립운동을 벌일 때부터 이미 외교 운동을 포함한 다양한 노선의 활동을 벌였다. 외교 운동에서는 미국뿐만 아니라 소비에트 러시아나 중국과의 연대도 중시했다. 파리강화회의에의 참여 등을 통해 냉엄한 국제 정세의 현실에 일찍 눈을 뜨게 된 김규식으로서는 미국 등 서구 열강에만 매달리는 외교 활동에 큰 비중을 두지 않고 오히려 소비에트 러시아의 지원을 끌어내기 위해 제국주의 국가 미국에 대해 비판의 목소리를 높이기도 했다. 제1차 세계대전 이후 제국주의 열강에 의해 식민지 체제가 다시 안정화되는 경향을 남들보다 빨리 인식해 새롭게 대두하고 있던 소비에트 러시아와 코민테른에 대한 기대를 안고 모스크바행을 택한 것이다. 이후 소비에트 러시아가 주장하던 세계 혁명이 결국 일국 혁명에 그치는 것이었으며 따라서 코민테른이 약속한 식민지 민족 해방 운동에 대한 지원도 구두에 그치는 것이었다는 사실을 깨닫자 공산당과도 관계를 끊었다.

김규식에게 외교 운동이란 다양한 독립운동의 한 영역에 지나지 않았다. 외교가 필요할 때는 외교 운동을 벌이고 일제와의 전면전이 요구될 때에는 무장 투쟁을 벌여야 한다는 것이 김규식이 생각한 독립운동 방략이었다. 그리고 정부를 세우고 정부 안에서의 정당 활동이 필요하다면 이를 위해 독립운동의 역량을 한데 모아야 한다는 것도 김규식이 늘 주장하던 바였다. 그랬기 때문에 김규식 스스로 한때는 무장 투쟁을 위한 준비 활동에 나서는가 하면 외교 운동의 일선에 나서기도 했고 통일 전선 운동을 벌이기도 했다.

특히 김규식이 무엇보다 중시한 것은 일제로부터의 독립을 이루기 위한 독립운동 진영의 연대와 통일이었다. 1920년대 이후 독립운동 진영이 사회주의 계열과 민족주의 계열로 양분되자 두 계열의 통일 전선 또는 좌우 합작이 김규식에게 최대 화두가 되었다. 김규식에게 있어 일제의 식민 지배 아래 놓여 있는 우리 민족 최대의 과제는 민족 문제를 해결하는 것이었다. 따라서 김규식은 민족 문제의 해결을 위해서는 계급 문제의 해결을 미루고 모든 민족이 하나로 뭉칠 것을 늘 주장했다.

민족 통일 전선 또는 좌우 합작을 독립운동의 핵심으로 사고하는 자세는 해방 이후에도 계속되었다. 김규식은 독립운동이나 정치 활동 과정에서 좌우 대립이 있을 때마다 늘 이를 조정하고 연대와 통일을 모색하는 데 앞장섰다. 김규식이 주도하던 입법의원에서 상대적으로 개혁적인 성격을 갖고 있던 토지 개혁 법안 등을 제정하려고 시도한 것도 좌익에도 치우치지 않고 그렇다고 우익에도 치우치지 않으면서 좌우 합작을 이루려는 김규식의 정치 노선을 이해하는 데 시사적이다.

김규식은 좌우 합작 운동 과정에서 자주적인 민족 국가를 세우는 것이 무엇보다 중요하다는 점을 언제나 강조했다. 그러기 위해서는 좌익이나 우익에 치우치는 것은 바람직하지 않으며 마찬가지로 일방적인 친소 노선이나 친미 노선도 바람직하지 않다고 여겼다.

1998년 4월 김규식의 모교인 로녹대학의 학교 신문에 「(한국의) 조지 워싱턴 이곳에 묵다」라는 글이 실렸다. 로녹대학 부학장 카렌Kenneth R. Carren이 쓴 글이었다. 카렌은 이 글에서 "로녹대학 1903년도 졸업생인 김규식은 진실로 자기 나라의 조지 워싱턴George Washington, 토머스 제퍼슨Thomas Jefferson이며 패트릭 헨리Patrick Henry이다. 이 세 가지 역할을 모두 수행한 한 개인이 이 학교에서 교육받은 데 대해 느끼는 기분이다"라고 썼다.

워싱턴은 지금도 미국에서 가장 사랑받는 대통령으로 꼽히는 미국의 초대 대통령이고, 제퍼슨은 미국 독립선언서의 기초자이며, 헨리는 "자유가 아니면 죽음을 달라"라는 말로 유명한 미국의 독립운동가이다. 이 세 사람을 모두 묶어서 비유해도 좋을 정도라는 평가는 독립운동, 좌우합작 운동, 자주 통일 운동을 통해 한국 근현대사에 큰 발자취를 남긴 김규식의 삶에 비추어보면 조금도 과하지 않다는 생각이 든다. 독립과 통일이야말로 김규식의 모든 것을 상징하는 두 마디였다. 죽을 때까지 이 원칙을 따랐다는 것 하나만으로도 김규식은 우리가 꼭 기억해야 하는 인물일 것이다.

김규식의 삶과 자취

1881. 2. 28	경상남도 동래부(지금의 부산광역시 동래구)에서 출생
1885	부친 김지성 유배
1986	모친 경주 이씨 사망
1887	언더우드 목사가 양육을 맡음
1892	부친 김지성 사망
1894	관립영어학교 입학
1896	관립영어학교 중퇴하고 『독립신문』 근무
1897	미국 유학. 버지니아주 로녹대학 예과 입학
1900. 5	『로녹대학생』에 「한국어」를 발표
1901. 5	데모스테니언 문학회 회장
1902. 2	『로녹대학생』에 「동방의 서광」을 발표
1903. 5	『로녹대학생』에 「러시아와 한국 문제」를 발표
6	로녹대학을 전체 3등으로 졸업
1904	미국에서 귀국
1905. 5	『로녹대학생』에 「세바스토플의 함락」 발표
8	포츠머스 회담을 참관하기 위해 상하이로 출발
11. 7	상하이에서 귀국
1906. 5. 21	조은애와 새문안교회에서 결혼
1907	상하이에서 열린 만국기독교청년회와 도쿄에서 열린 YMCA동양연합회에 YMCA 대표로 참가

1908	『대한문법』 발간
1911. 12. 31	김필순·김순애 만주 망명
1913. 4. 2	중국 망명
1913	중국 2차 혁명 참여
1914	상하이 박달학원 영어 교사
7	제1차 세계대전 발발 직후 국내로 잠입해 군자금 모집
가을	유동열 등과 외몽골 우르가로 가서 군사학교 설립 추진
1917. 7	대동단결선언에 참가
	부인 조은수 사망
1918	신한청년당 조직
1919. 1. 19	난징에서 김순애와 재혼
2. 1	신한청년당 대표 자격으로 파리강화회의에 참석하기 위해 상하이에서 파리로 출발
4	파리에 한국대표관과 통신국을 개설
	파리 한국대표관『통신전通信箋』제1호 배포
	상하이 대한민국임시정부에서 외무총장 겸 파리강화회의 대표로 피선
5. 12	신한청년당·대한국민회·대한민국임시정부 대표 자격으로 「한국 민족의 주장」을 파리강화회의에 제출
8. 25	구미위원부 위원장
9. 6	대한민국임시정부 학무총장
1920. 3	뇌종양 수술
10. 3	상하이로 가기 위해 워싱턴을 출발
1921. 1. 18	상하이 도착
4. 29	대한민국임시정부 학무총장 사직

	5. 19	국민대표회기성회 조직위원으로 선출
	5	중한호조사 창설
	11	극동민족대회에 참석하기 위해 상해를 출발해 장자커우와 몽골 고비사막을 거쳐 이르쿠츠크에 도착
1922. 1. 21		극동민족대회 개막식에서 한국대표단 의장 자격으로 대회 의장단으로 선출. 극동민족대회 개회 연설
	1. 25	극동민족대회 전체 회의에서 한국 문제에 관한 한국대표단의 토론 결과를 보고
	1	극동민족대회 기간 도중 레닌과 회견
	4	코민테른 집행위원회 한국문제위원회 '4월 결정서'를 통해 김규식의 활동 정지를 결정
	5	모스크바에서 상하이로 돌아옴
1923. 1. 3		국민대표회 개최
	3	창조파 국민위원회 국민위원 겸 외무 담당 국무위원으로 선임
	8. 30	블라디보스토크에 도착
	9. 24	김규식과 지청천의 공동 명의로 국민위원회 조직의 정당을 강조하는 비망록을 코민테른에 제출
	9	상하이 남화학원 원장
	10. 10	코민테른 대표단과의 협상을 통해 국민위원회를 한국독립당으로 개편하는 데 동의 로녹대학에서 명예 법학박사 학위 수여
1924. 5		블라디보스토크에서 추방당해 만주를 거쳐 상하이에 도착
	9. 15	상하이 고등보수학원 원장
1925. 9		상하이 삼일공학 교장

1925		상하이 공동 조계 경찰과 프랑스 조계 경찰에서 체포령 내려짐
1927		중국국민당의 북벌전쟁에 참가
	2	동방피압박민족연합회 회장
	4. 11	한국유일독립당 상해촉성회 집행위원
1929		톈진 베이양대학 교수
1932. 11		한국대일전선통일동맹 출범, 상무위원을 맡음
	11. 14	중한민중대동맹 출범, 외교부장을 맡음
1933. 3		대한민국임시정부 국무위원
	3	중국국민당 정부의 민간 사절단 대표 자격으로 미국 방문 미국 전역에서 한국대일전선통일동맹과 중한민중대동맹의 지부 조직과 모금 활동 전개
	6	대한민국임시정부 외무장 미국에서 『원동 정세』라는 제목의 영어 소책자 집필
1934. 4		대한민국임시정부 국무위원 명의로 발표한 '국내외 각 단체 및 민중 전체에 고함'을 통해 새로운 조직의 필요성을 주장
1935. 7. 5		한국대일전선통일동맹을 민족혁명당으로 전환하고 중앙집행위원(국민부장)으로 선임됨
	9	쓰촨대학 교수
1935. 10. 20		민족혁명당 훈련부장 사임
1942. 10. 11		중한문화협회 부이사장
	11. 20	대한민국임시정부 국무위원
1943. 1. 10		대한민국임시정부가 있던 충칭에 도착
	1. 20	대한민국임시정부 선전부장
	1. 24	민족혁명당 주석

| | 6. 1 | 『독립신문』에 신탁 통치를 반대하는
「우리는 한국을 국제공동관리하는 데 반대한다」를 발표 |
	7. 26	대한민국임시정부 주석 김구, 외무부장 조소앙, 한국광복군 총사령 지청천, 부사령 김원봉과 함께 장제스를 만나 일제가 패망하면 한국은 즉각 독립되어야 한다고 주장
	9. 17	민족혁명당 총서기 김원봉과 함께 민족혁명당의 '자주적인 민주 공화국 건설, 거족적 임시 연합 정부 수립' 등을 주요 내용으로 하는 당면 정책을 발표
1944. 4. 24	대한민국임시정부 부주석
1945. 3. 23	샌프란시스코 회의에 참석할 대한민국임시정부 대표로 선출
	11. 23	김구 등과 함께 환국
	12. 28	대한민국임시정부 주석 김구와 부주석 김규식 명의로 신탁 통치 반대 결의문 채택
1946. 2	비상국민회의 외무위원 겸 최고정무위원
	2. 14	남조선대한민국대표민주의원 부의장
	2. 18	민족혁명당 탈당
	3. 19	남조선대한민국대표민주의원 의장 대리
	8. 19	여운형과 좌우 합작 논의
	10. 4	좌우 합작 7원칙 합의
1946. 12. 12	남조선과도입법의원 의장
1947. 1. 1	좌우 합작만이 임시정부를 수립해 민족을 도탄에서 구할 수 있다는 내용의 신년사 발표
	7. 3	미소공동위원회가 재개되자 정당, 사회 단체를 규합해 시국대책협의회 결성
	12. 20	민족자주연맹 결성대회 주석 추대

1948. 4. 22		남북 협상을 위해 민족자주연맹 대표단과 함께 평양행
	4. 26	남북 요인 회담 참석
	5. 10	남한 지역에서 실시된 총선거에 불참
	7. 21	김구와 통일독립촉진회를 결성
1950. 5. 30		총선거가 실시되었지만 불반대 불참가 원칙에 따라 불참
	6. 25	한국전쟁 발발
	9. 18	납북
	12. 10	평안북도 만포진 부근에서 서거
1989. 8. 15		건국공로훈장 중장(현재는 대한민국장) 추서

참고문헌

자료

- 『대한매일신보』·『황성신문』·『독립신문(상해판)』·『신한민보』·『동아일보』·『시대일보』·『조선일보』·『새한민보』·『서울신문』.
- 『대한자강회월보』·『대한학회월보』·『개벽』·『삼천리』·『신세대』 등의 잡지.
- 姜德相·梶村秀樹 編, 『現代史資料 27 朝鮮篇 3』, みすず書房, 1970.
- 국사편찬위원회, 『대한민국임시정부자료집 18 구미위원부 I』, 국사편찬위원회, 2007.
- 국사편찬위원회, 『대한민국임시정부자료집 18 구미위원부 II』, 국사편찬위원회, 2007.
- 국사편찬위원회, 『대한민국임시정부자료집 21 파리위원부』, 국사편찬위원회, 2007.
- 국사편찬위원회, 『대한민국임시정부자료집 37 조선민족혁명당 및 기타 정당』, 국사편찬위원회, 2009.
- 국사편찬위원회, 『대한민국임시정부자료집 별책 6 국민대표회의 I』, 국사편찬위원회, 2011.
- 국사편찬위원회, 『대한민국임시정부자료집 별책 6 국민대표회의 II』, 국사편찬위원회, 2011.
- 국사편찬위원회, 『한국독립운동사 자료 1 임정편 I』, 국사편찬위원회, 1970.
- 국사편찬위원회, 『한국독립운동사 자료 2 임정편 II』, 국사편찬위원회, 1970.
- 국사편찬위원회, 『한국독립운동사 자료 3 임정편 III』, 국사편찬위원회, 1973.
- 김규식, 「원동정세」, 독립운동사편찬위원회 편, 『독립운동사자료집 8』, 독립유공자사업기금운용위원회, 1974.

- 김규식, 『양자유경』, 한울, 2000.
- 김남식·이정식·한홍구 편, 『한국현대사자료총서』 전15권, 돌베개, 1986.
- 김원용, 「재미한인50년사」, 독립운동사편찬위원회 편, 『독립운동사자료집 8』, 독립유공자사업기금운용위원회, 1974.
- 金正明 編, 『朝鮮獨立運動 2·3』, 原書房, 1967.
- 대한민국국회도서관 편, 『한국민족운동사료 삼일운동편 1·2·3』, 대한민국회도서관, 1979.
- 대한민국국회도서관 편, 『한국민족운동사료(중국편)』, 대한민국회도서관, 1976.
- 대한황성종로기독청년회, 『기독교청년회 조선편』, 1907.
- 새문안교회, 『새문안문헌사료집(1)』, 1987.
- 신숙, 『나의 일생』, 일신사, 1963.
- 이만규, 『여운형투쟁사』, 총문각, 1946.
- 임시정부주파리위원부통신국 편, 『구주의 우리 사업』, 1920.
- 정원택, 「지산외유일지」, 독립운동사편찬위원회 편, 『독립운동사자료집 8』, 독립유공자사업기금운용위원회, 1974.

단행본
- L. H. 언더우드, 『언더우드 : 한국에 온 첫 선교사』, 이만열 역, 기독교문사, 1989.
- 강덕상, 『여운형 평전 1』, 역사비평사, 2007.
- 강만길, 『조선민족통일혁명당과 통일전선』, 역사비평사, 2003.
- 강만길·심지연, 『우사 김규식 생애와 사상 1 항일독립투쟁과 좌우합작』, 한울, 2000.
- 강영심, 『시대를 앞서간 민족혁명의 선각자 신규식』, 역사공간, 2010.
- 김주용, 『가슴 뛰는 국외 독립운동 답사기, 역사를 따라 걷다 1 : 내몽고·흑룡강성』, 도서출판선인, 2013.

- 김희곤, 『대한민국임시정부 연구』, 지식산업사, 2004.
- 마크 게인, 『해방과 미군정 1946.10~11(Japan Diary)』, 돌베개, 1986.
- 반병률, 『여명기 민족운동의 순교자들』, 신서원, 2013.
- 새문안교회70년사편찬위원회 편, 『새문안교회70년사』, 1958.
- 서중석, 『우사 김규식 생애와 사상 2 남·북협상 김규식의 길, 김구의 길』, 한울, 2000.
- 송남헌 외, 『우사 김규식 생애와 사상 3 몸으로 쓴 통일독립운동사』, 한울, 2000.
- 송남헌, 『해방3년사 1·2』, 까치, 1985.
- 심지연, 『송남헌 회고록 김규식과 함께한 길』, 한울, 2000.
- 우사연구회, 『우사 김규식 통일·독립의 길 가다 1~4』, 통일뉴스, 2007·2009.
- 이정식, 『김규식의 생애』, 신구문화사, 1974.
- 이정식, 『서재필』, 정음사, 1986.
- 이정식, 『혁명가들의 항일회상』, 민음사, 1988.
- 이태호, 『압록강의 겨울』, 다섯수레, 1991.
- 임경석, 『한국 사회주의의 기원』, 역사비평사, 2003.
- 정병준, 『광복 직전 독립운동세력의 동향』, 독립기념관 한국독립운동사연구소, 2009.
- 정병준, 『우남 이승만 연구』, 역사비평사, 2005.
- 정용욱, 『존 하지와 미군 점령 통치 3년』, 중심, 2003.
- 한국기독교사연구회 편, 『한국기독교의 역사 1』, 기독교문사, 1989.
- 한상도, 『대한민국임시정부 II - 장정시기』, 독립기념관 한국독립운동사연구소, 2008.
- 한시준, 『대한민국임시정부 III - 중경시기』, 독립기념관 한국독립운동사연구소, 2009.
- 호춘혜, 『중국 안의 한국독립운동』, 단국대출판부, 1978.

논문

- 강만길, 「대한민국임시정부와 신탁통치 문제」, 『한국민족운동사론』, 한길사, 1985.
- 강만길, 「좌우합작운동의 경위와 그 성격」, 『한국민족주의론 2』, 창작과 비평사, 1983.
- 강영심 「김순애(1889~1976)의 생애와 독립운동」, 『한국근현대사연구』 63, 2012.
- 고정휴, 「이승만과 구미위원부 – 초기(1919~1922)의 조직과 내부갈등에 관한 재조명」, 『이승만 연구』, 연세대 출판부, 2000.
- 김동선, 「김규식의 정치노선과 민족자주연맹의 결성」, 『한국민족운동사연구』 46, 2006.
- 김영미, 「미군정기 남조선 과도입법의원의 성립과 활동」, 『한국사론』 32, 1994.
- 김희곤, 「동제사의 결성과 활동」, 『한국사연구』 48, 1985.
- 김희곤, 「신한청년당의 결성과 활동」, 『한국민족운동사연구』 1, 1986.
- 김희곤, 「중경시기 대한민국임시정부의 지도체제」, 『한국독립운동사연구』 33, 2009.
- 노경채, 「김규식론」, 『쟁점 한국 근현대사』 4, 1994.
- 도진순, 「1948년 남북연석회의와 남한 민족주의 정치세력의 동향」, 『국사관논총』 94, 1994.
- 도진순, 「해방 직후 김구·김규식의 국가건설론과 정치적 의미」, 한국사연구회 편, 『근대 국민국가와 민족문제』, 지식산업사, 1995.
- 박윤재, 「1920연대 초 민족통일전선운동과 국민대표회의」, 『학림』 17, 1996.
- 배경한, 「신해혁명과 한국 – 김규응의 광동에서의 활동을 중심으로」, 『역사학보』 212, 2011.
- 서중석, 『한국현대민족운동연구 : 해방후 민족국가 건설운동과 통일전선』,

역사비평사, 1991.
- 송남헌, 「우사 김규식」, 한국사학회 편, 『한국현대인물론 2』, 을유문화사, 1987.
- 신경환, 「1930년대 초 김규식의 국제정세 인식과 대내외 대응」, 『역사교육논집』 45, 2010.
- 안정애, 「좌우합작운동의 전개과정」, 최장집 편, 『한국현대사 1945~1950』, 열음사, 1985.
- 윤경로, 「김규식의 신앙과 학문 그리고 항일민족운동」, 『한국기독교와 역사』 34, 2011.
- 윤경로, 「김규식 – 이념을 초월한 통일전선 지도자, 외교가」, 『한국사시민강좌』 47, 2010.
- 윤덕영, 「통일전선과 대중운동」, 한국역사연구회 엮음, 『한국역사입문③ : 근대·현대편』, 풀빛, 1996.
- 윤민재, 「김구와 김규식의 민족주의」, 『한국민족운동사연구』, 나남, 2003.
- 윤민재, 「한국의 현대국가 형성과정에서 중도파의 위상에 관한 연구」, 서울대 박사 학위 논문, 1999.
- 윤선자, 「이관용의 생애와 민족운동」, 『한국근현대사연구』 30, 2004.
- 이정식, 「여운형·김규식의 좌우합작」, 『한국민족주의론 1』, 창작과 비평사, 1982.
- 이준식, 「김규식의 길, 이승만의 길」, 『내일을 여는 역사』 44, 2011.
- 이준식, 「김규식의 민족운동 노선과 이념」, 『한국민족운동사연구』 39, 2004.
- 이철순, 「우사 김규식의 삶과 정치활동」, 『한국인물사연구』 16, 2011.
- 장석흥, 「1910~20년대 몽골지역에서 전개된 한국독립운동」, 『한국근현대사연구』 23, 2002.
- 조동걸, 「임시정부수립을 위한 1917년의 대동단결선언」, 『한국민족주의의 성립과 독립운동사 연구』, 지식산업사, 1990.
- 조철행, 「국민대표회 전후 민족운동 최고기관 조직론 연구」, 고려대 박사 학

위 논문, 2011.
- 최경봉, 「김규식 『대한문법』의 국어학사적 의의」, 『우리어문연구』 22, 2004.
- 추헌수, 「일제하 국내외 정당활동」, 한국사학회 편, 『한국현대사의 제문제 2』, 을유문화사, 1987.
- 한상도, 「해방정국기 중간파의 활동과 그 의의」, 『한국민족운동사연구』, 나남, 2003.
- 한시준, 「중한문화협회의 성립과 활동」, 『한국독립운동사연구』 35, 2010.
- 홍선표, 「1920년대 유럽에서의 한국독립운동」, 『한국독립운동사연구』 27, 2006.

찾아보기

ㄱ

건국준비위원회　166, 167
경신학교　16, 31, 35
고등보수학원　102
고려민주당　167
고종　19
관립한성영어학교　18
광복회　28
광화신숙　31
구미위원부　120
구세학당　16
『국민보』　44, 145
『국어문법』　32
극동민족대회　12, 78, 80, 81, 85, 86, 89, 176
근로대중당　193
근로인민당　193
기독교한교복무사　162
김구　98, 105, 124, 145, 148, 159, 166, 188
김단야　82
김동삼　89
김두봉　102, 105, 112, 129, 131, 188
김린　44
김립　98
김메리　14

김문숙　102
김병로　166, 167, 181
김붕준　159, 181
김상덕　89, 165
김성수　166
김성숙　141, 159, 172
김순애　35, 45, 58, 97, 115, 145, 147
김시현　86
김원경　82
김원봉　131, 133, 145, 148, 155, 158, 159, 172
김은식　55
김응섭　90
김익승　14, 15
김인철　155
김일성　188
김준엽　163
김지성　11, 13, 14
김창환　89
김철　57, 59, 89, 124, 129
김탕　60
김필례　115
김필순　35, 37, 38, 45, 47, 49, 56, 58
김학규　131
김형제상회　38
김호　181

215

ㄴ

나용균 79
남화학원 102

ㄷ

『대공보』 139
대동단결선언 55
대동학교 31
대한국민의회 66
대한독립당 120
『대한문법』 32
대한애국부인회 98
대한인국민회 119, 129
대한인국민회총회 129
대한자강회 29
『대한자강회월보』 29
『독립신문』 19, 32, 68, 146, 147
독립촉성중앙협의회 168, 170
독립협회 18, 19
동경외국어대학교 43
「동방의 서광」 22

ㄹ

러시아공사관 19
「러시아와 한국 문제」 23
러일전쟁 25
렁주 46
레닌 83
로녹대학 11, 20~22, 32, 34
루스벨트 150

ㅁ

마오따위 46
만국기독교청년회 37
맥아더 164, 168
모스크바 삼상회의 171, 172, 178
문일평 49, 51
미소공동위원회 175, 178, 180, 181
민노아학당 16
민영환 30
민원식 68
민족당주비회 104
민족유일당 104, 106, 109
민족자결주의 68
민족자주연맹 184, 186, 192
민족혁명당 134, 141, 143, 144, 154~156, 158, 159
민주주의민족전선 171, 172
민주한독당 193
민중동맹 193

ㅂ

박건병 88~90
박건웅 112, 129, 181
박영효 19
박용만 55
박은식 31, 49, 51, 55
박찬익 151, 159
박헌영 167, 172
배영의숙 14
배재학당 35
백관수 167

백남운   172
105인 사건   43
백일규   120, 125
보국당   193
부산포   13

ㅅ

상하이사변   112
새문안교회   34, 35, 41, 168
서광범   21
서병호   57, 59, 90
서상일   185
서왈보   90
서재필   19
선우혁   57
성주식   125, 155, 159
『소보』사건   27
손두환   155
손정도   89, 98
송병조   89, 104, 105, 112, 125, 127, 129, 130
송병준   68, 68
송순명   39
송헌주   72, 120, 125
숭실중학   31
신규식   48, 49, 51, 55, 75
신민회   53
신석우   55, 58, 59
신숙   88, 89, 181
신영삼   155
신익희   112, 125, 129, 131, 153, 159, 166, 185

신진당   193
신채호   49, 51, 55, 68, 69
신한독립당   129, 131, 132
신한민국정부   66
『신한민보』   119
신한청년당   57, 59, 62, 80, 98, 176
신해혁명   28, 45, 46
쑨원   28, 45, 46, 55, 59, 151
쑨커   151
쓰촨대학   134, 137, 138

ㅇ

『아시아』   86
안공근   105
안재홍   166, 181
안창호   37, 39, 47, 52, 67, 75, 89, 100, 119
양근환   68
양기탁   32
『양자유경』   140
언더우드   11, 15, 16, 34, 42
엄항섭   159, 165
에반스   86
여병현   29, 31
영신학교   39
여운형   57, 59, 61, 77, 79, 81, 82, 89, 102, 166, 167, 172, 174, 181
여운홍   61, 181
영신학교   16
오영선   89, 105, 108
오지영   172
오창환   89

오하영   181
우테청   151
『원동 정세』   110
원세훈   89, 167, 181, 195
위안스카이   46, 55
윌슨   57, 64, 65
유동열   53, 144, 165
유림   159
유신회   44
유자명   106, 142
육영공원   18
윤기섭   105, 112, 125, 129, 131
윤덕보   90, 167
윤봉길   124
윤세복   55
윤세주   129, 131
윤치호   29, 37
윤해   89
윤효정   29, 31
의열단   129, 131
의용단   98
이갑   31, 53
이강   21
이관용   60
이극로   172, 181, 182
이동녕   105, 108, 124, 128
이동휘   53, 69, 87, 97, 100
이상재   31
이승만   66, 68, 75, 100, 125, 166, 168, 170, 175
이시영   73, 159, 165
이완용   68
이유필   89, 104, 112, 125

이태준   37~39, 45~47, 79, 80
이청천   145
임병항   32

ㅈ

자유시 사변   81
장건상   144, 159
장덕수   57, 59, 167
장빙린   28
장제스   118, 148, 150
장준하   163
장슌   46
장지연   29, 31
장택상   167
장훈학교   31
재중자유한인대회   146
저우룽   28
전국농민조합총연맹   171
정미7조약   26
정백   105
정율성   115
정이형   181, 182
제중원의학교   35, 37
조경한   159
조동호   57, 125
조병옥   31, 167
조봉암   105, 182
조선공산당   104, 167, 168, 171
조선노동조합전국평의회   171
조선민족당   167
조선민족당해외전권위원회의   154

조선민족전선연맹　142, 158
조선민족해방동맹　144
조선민족해방운동자동맹　141
조선민족해방투쟁동맹　154
조선민족혁명당　131
조선부녀총동맹　171
조선의용대　144, 156
조선인민공화국　166
조선인민당　167, 171
조선중앙기독교청년회　44
조선청년전위동맹　141
조선청년총동맹　171
조선최고인민회의　192
조선혁명군　123
조선혁명당　112, 129, 131, 141
조선혁명자연맹　142, 144
조성환　51, 55, 159
조소앙　49, 61, 51, 55, 124, 131, 132, 141, 146, 148, 153, 159, 195
조순환　35
조완구　105, 124, 130, 159
조욱　125
조은애　35, 35
조일수호조약　13
조지　64
주석　165
주시경　19, 32
주자화　151
중국동맹회　28
중앙정치대학　133
중한문화협회　152, 154
중한민중대동맹　12
중화민중자위대동맹　116

지청천　89, 131, 132, 141, 148, 163
질레트　44

ㅊ

차리석　125, 130, 159
처칠Winston Churchill　150
청년학우회　39
청우당　193
최고정무위원회　171
최동오崔東旿　112, 125, 127, 129, 131, 159, 181, 195
최석순崔錫淳　159
최창식崔昌植　86, 102, 105
최창익崔昌益　141

ㅋ

카이로선언　150, 153
카이로회담　150
코민테른　91~93
클레망소　64

ㅌ

『통신전』　62
통일독립운동자협의회　186
통일독립촉진회　193

ㅍ

파리강화회의　12, 57, 65, 97
프린스턴 대학　25

ㅎ

하지   167
한국광복군   144
한국광복운동단체연합회   141
한국국민당   141, 167
한국대일전선통일동맹   12
한국독립군   123
한국독립당   93, 112, 129~132, 141, 143, 144, 159, 186, 193
한국독립당통일동지회   154
한국민족혁명당   131
한국민주당   167
『한국의 독립과 평화』   63
한국혁명당   112
한교연합회   112
한명세   86
한성정부   66
한인공동회   120
한일래   112
한일의정서   25
한진교   55, 57

허정   167
허헌   172
『혁명군』   28
현정건   89, 102, 105
혜령영어전문학교   98
호튼   15
홍남표   105
홍명희   49, 51, 55, 181, 192
홍언   120
홍진   105, 129
흥중회   28
홍커우공원   124
흥화학교   30~32
화교연합회   112
화흥회   28
황기환   61, 69
황성기독교청년회   35, 44
『황성신문』   14
황싱   28, 45
황학수   144, 159
후단대학   99

민족의 독립과 통합에 바친 삶 김규식

1판 1쇄 인쇄 2014년 12월 10일
1판 1쇄 발행 2014년 12월 20일

글쓴이   이준식
기 획   독립기념관 한국독립운동사연구소
펴낸이   윤주경
펴낸곳   역사공간
　　　　　주소: 서울시 마포구 동교로 142-11(서교동, 플러스빌딩 3층)
　　　　　전화: 02-725-8806~7, 팩스: 02-725-8801
　　　　　E-mail: jhs8807@hanmail.net
　　　　　등록: 2003년 7월 22일 제6-510호

ISBN 979-11-5707-030-5 03900

• 잘못된 책은 바꿔 드립니다.
• 이 도서의 국립중앙도서관 출판예정도서목록(CIP)은 서지정보유통지원시스템 홈페이지
  (http://seoji.nl.go.kr)와 국가자료공동목록시스템(http://www.nl.go.kr/kolisnet)에서
  이용하실 수 있습니다.(CIP제어번호: CIP2014035771)

역사공간이 펴내는 '한국의 독립운동가들'

독립기념관은 독립운동사 대중화를 위해 향후 10년간 100명의 독립운동가를 선정하여,
그들의 삶과 자취를 조명하는 열전을 기획하고 있다.

001 근대화의 선각자 - 최광옥의 삶과 위대한 유산
002 대한제국군에서 한국광복군까지 - 황학수의 독립운동
003 대륙에 남긴 꿈 - 김원봉의 항일역정과 삶
004 중도의 길을 걸은 신민족주의자 - 안재홍의 생각과 삶
005 서간도 독립군의 개척자 - 이상룡의 독립정신
006 고종 황제의 마지막 특사 - 이준의 구국운동
007 민중과 함께 한 조선의 간디 - 조만식의 민족운동
008 봉오동·청산리 전투의 영웅 - 홍범도의 독립전쟁
009 유림 의병의 선도자 - 유인석
010 시베리아 한인민족운동의 대부 - 최재형
011 기독교 민족운동의 영원한 지도자 - 이승훈
012 자유를 위해 투쟁한 아나키스트 - 이회영
013 간도 민족독립운동의 지도자 - 김약연
014 대한민국 임시정부의 민족혁명가 - 윤기섭
015 서북을 호령한 여성독립운동가 - 조신성
016 독립운동 자금의 젖줄 - 안희제
017 3·1운동의 얼 - 유관순
018 대한민국임시정부의 안살림꾼 - 정정화
019 노구를 민족제단에 바친 의열투쟁가 - 강우규
020 미 대륙의 항일무장투쟁론자 - 박용만
021 영원한 대한민국임시정부의 요인 - 김철
022 혁신유림계의 독립운동을 주도한 선각자 - 김창숙
023 시대를 앞서간 민족혁명의 선각자 - 신규식
024 대한민국을 세운 독립운동가 - 이승만
025 한국광복군 총사령 - 지청천
026 독립협회를 창설한 개화·개혁의 선구자 - 서재필
027 만주 항일무장투쟁의 신화 - 김좌진
028 일왕을 겨눈 독립투사 - 이봉창
029 만주지역 통합운동의 주역 - 김동삼
030 소년운동을 민족운동으로 승화시킨 - 방정환
031 의열투쟁의 선구자 - 전명운
032 대종교와 대한민국임시정부 - 조완구
033 재미한인 독립운동의 표상 - 김호
034 천도교에서 민족지도자의 길을 간 - 손병희
035 계몽운동에서 무장투쟁까지의 선도자 - 양기탁
036 무궁화 사랑으로 삼천리를 수놓은 - 남궁억
037 대한 선비의 표상 - 최익현
038 희고 흰 저 천 길 물 속에 - 김도현
039 불멸의 민족혼 되살려 낸 역사가 - 박은식
040 독립과 민족해방의 철학사상가 - 김중건
041 실천적인 민족주의 역사가 - 장도빈
042 잊혀진 미주 한인사회의 대들보 - 이대위
043 독립군을 기르고 광복군을 조직한 군사전문가 - 조성환
044 우리말·우리역사 보급의 거목 - 이윤재
045 의열단·민족혁명당·조선의용대의 영혼 - 윤세주
046 한국의 독립운동을 도운 영국 언론인 - 배설
047 자유의 불꽃을 목숨으로 피운 - 윤봉길
048 한국 항일여성운동계의 대모 - 김마리아
049 극일에서 분단을 넘은 박애주의자 - 박열
050 영원한 자유인을 추구한 민족해방운동가 - 신채호
051 독립전쟁론의 선구자 광복회 총사령 - 박상진
052 민족의 독립과 통합에 바친 삶 - 김규식